子どもが変わる3分間ストーリー

三好真史

フォーラム・A

はじめに

　私たち教師は、子どもたちの幸せを願いながら、日々の教育活動に取り組んでいます。
　しかし、子どもと向き合う中で、こんなことで困った経験はありませんか。
- 子どもがやる気を出そうとしない…
- 指導したけど、全然伝わっていない…
- どうはげましてあげればいいのか、わからない…

　そんなときに効果を発揮するのが「ストーリー」です。本書でいう「ストーリー」とは、活動の目的を説明し、行動する気を引き出す小話のことです。ストーリーは、学級経営の悩みを解決し、子どもを成長へと導きます。本書では、子どもの心を育てるためのとっておきのストーリー55話を紹介します。

　この本の特色は、次の3つです。

① 　指導の仕方がわかる

　指導したい内容とストーリーをセットにして掲載しています。「そろそろ指導が必要だから、このストーリーを語ろう」と事前に調べて備えておくことができます。また、あらかじめ一通り読んでおけば、いざというときのためにストーリーをストックすることも可能です。

② 　準備がいらない

　ストーリーを語る上で、物の準備は特に必要ありません。黒板とチョークがあれば十分です。あとは子どもへの情熱あるのみ。

③ 　3分で語れる

　ストーリーは、3分程度で語ることができます。ですから、授業中はもちろんのこと、朝の会や帰りの会、授業のすきま時間や給食中など、シーンを選ばずに語ることができます。

　さあ、ストーリーを語り、子どもの生き生きとした姿を引き出しましょう！

目　　次

態度編
1. 自分からあいさつができないとき（あいさつの歴史）……………………… 8
2. 「ありがとう」がいえないとき（ありがとうの反対）……………………… 10
3. 素直に話を聞くことができないとき（心のコップ）………………………… 12
4. 目標に向けて行動させたいとき（ボウリングの目印）……………………… 14
5. 決めたことを忘れてしまっているとき（心が変われば行動が変わる）…… 16
6. 努力の価値に気づかせたいとき（夢のレンガ）……………………………… 18
7. 考えて行動しないとき（車の運転と教習所の先生）………………………… 20
8. マンネリ化しているとき（昨日の自分との勝負）…………………………… 22
9. 中だるみしているとき（九十九をもって道半ばとせよ）…………………… 24
10. 仲間を大切にしないとき（福沢諭吉の苦悩）………………………………… 26
11. よいことをする大切さを伝えたいとき（一日十善）………………………… 28
コラム　「ストーリーとゴールデンサークル理論」………………………………… 30

生活編
12. 時間を守らないとき（時は命なり）…………………………………………… 32
13. 物の置き場所が乱れているとき（われ窓理論）……………………………… 34
14. 机の中がグチャグチャのとき（ザリガニの脱皮）…………………………… 36
15. 給食を残してしまうとき（２切れのマグロ）………………………………… 38
16. 提出物をバラバラにして出すとき（ぶどう酒と村人）……………………… 40
17. 段取りを考えさせたいとき（バケツと石）…………………………………… 42
18. 言葉づかいがきたないとき（タイガー・ウッズの思い）…………………… 44
19. 宿題をしてこないとき（机と本棚）…………………………………………… 46
20. 約束を守らないとき（信頼貯金箱）…………………………………………… 48
21. ノートにメモしようとしないとき（エジソンのメモ）……………………… 50
22. だれも立候補しないとき（幸福の女神様）…………………………………… 52
コラム　「ストーリーを語るためのポイント」…………………………………… 54

授業編

23. 先生の方だけを見て発表してしまうとき（ターゲットは２人）………… 56
24. 友だちの話を聞こうとしないとき（目と耳と心で聴く）…………… 58
25. 静かに作業ができないとき（プールの中の静けさ）………………… 60
26. おしゃべりを我慢できないとき（マシュマロ・テスト）…………… 62
27. 手の挙げ方がグニャグニャなとき（タクシーの止め方）…………… 64
28. 発言する自信を持たせたいとき（サーカスのゾウ）………………… 66
29. わかっているのに手を挙げないとき（イチロー選手の打率）……… 68
30. 空いている時間を大切にさせたいとき（すきま時間の活用）……… 70
31. テストの見直しをしないとき（かもしれない見直し）……………… 72
32. たくさんやることのよさを伝えたいとき（ピカソの一言）………… 74
33. 音読の声が小さいとき（アウグスチヌスの驚き）…………………… 76
コラム　「ストーリーを語る上での注意点」………………………………… 78

友だち編

34. けんかをくり返すとき（ヤマアラシのジレンマ）…………………… 80
35. けんかを他人事と考えているとき（ハインリッヒの法則）………… 82
36. 友だちをうらんでばかりいるとき（心の角度）……………………… 84
37. 命令口調になってしまうとき（おさそい言葉）……………………… 86
38. 何でも自己流でやろうとするとき（学ぶは真似ぶ）………………… 88
39. 自分のことばかりを優先するとき（天国と地獄）…………………… 90
40. となりの子と話し合いをしないとき（女の子と母親）……………… 92
41. 学び合いのよさを伝えたいとき（Ｖ字飛行編隊）…………………… 94
42. 協力することのよさを伝えたいとき（ナイル川を渡るアリ）……… 96
43. 支え合う雰囲気をつくりたいとき（ビルの間の平均台）…………… 98
44. リーダーの自覚を持たせたいとき（オオカミと羊）………………… 100
コラム　「教室でのエピソード」……………………………………………… 102

悩み編

45. できなくて自信を失っているとき（努力の壺）……………………104
46. 人の非ばかり責めてしまうとき（ルビンの壺）………………… 106
47. 不平不満を感じているとき（サルをつかまえる方法）………… 108
48. 先生の厳しさに耐えてほしいとき（ダイヤモンドと黒鉛）…… 110
49. はじめからあきらめてしまうとき（ノミの跳躍）……………… 112
50. 人の短所ばかり気になってしまうとき（2つの丸）…………… 114
51. コンプレックスを持っているとき（野口英世のくやしさ）…… 116
52. 頭が悪いから勉強したくないと考えているとき（人の脳とエンジン）…… 118
53. 人と比べてしまうとき（ウサギとカメ）………………………… 120
54. 辛いことがあったとき（手のマメのように）…………………… 122
55. けがをして落ち込んでいるとき（塞翁が馬）…………………… 124

おわりに……………………………………………………………………126

態度編

| 態度編

自分からあいさつができないとき

1 あいさつの歴史

「おはよう！」とあいさつしても、「…」。黙ったままで何も返さない子がいます。あいさつは人間関係を築くための基本です。言葉の成り立ちを知ることで、あいさつの大切さについて考えるストーリーです。

今日は、この言葉「挨拶」のお話をしましょう。（板書）
何と読むのかわかりますか。そう、あいさつです。
世界には、たくさんの言語がありますね。日本語、英語、中国語などいろいろな国の言語があります。数えられるだけでも、100近い言語があるそうです。そして、不思議なことに、どの言語にもあいさつの言葉があるそうです。
日本語の朝のあいさつは「おはようございます」ですね。英語では「Good morning」中国語では「早安（ツァオ・アン）」です。
あいさつは、もともと他の人に○○であることを知らせるために行われていたそうです。

挨拶　　あいさつ
→○○であることを知らせるため

さて、○○に入る言葉は何でしょうか。
①　元気　　②　味方　　③　人間

答えは　②「味方」です。

　大昔、人間が他の動物と同じような生活をしていたころ、食べ物を手に入れるというのは大変なことでした。見知らぬ人とすれちがったときには、せっかく手に入れた食べ物を奪い取られてしまうこともあったでしょう。そこで、自分の家族や親戚など、信頼できる仲間と一緒に暮らすようになりました。仲間であることを知らせるためには、合図が必要です。その合図がだんだんあいさつになっていったのではないかという説があるのです。

　つまり、あいさつには「あなたの味方ですよ」という意味が込められているのです。だから、その日はじめて顔を合わせた人にあいさつをすると、相手の人は安心することができるのです。

　逆に、あいさつをしない人がいると嫌な気持ちになるのは、相手に「あなたの敵ですよ」と感じさせるからなのかもしれませんね。

　このように、あいさつには大切な意味が込められているのです。

　これからみなさんは、数えきれないくらいたくさんの人と知り合っていきます。いつも自分からあいさつができる人になって、相手の人に安心の気持ちを持たせてあげられるようになりましょう。

 　日本ではあいさつするときにお辞儀をします。頭を前にすることは、自分にとっての急所を差し出すことです。また、握手は「私は武器を持っていません」と伝えることがはじまりといわれています。言葉だけではなく、動作でも味方であることの証明をしているのです。

「ありがとう」がいえないとき

2 ありがとうの反対

友だちにノートを配ってもらっても知らん顔。人に何かをしてもらうのが当然だと思ってしまっている子がいます。感謝を表現することの大切さに気づかせるストーリーです。

今ね、Aさんがある言葉を使っていました。先生はそれを聞いて「ステキだなあ」と思いました。何といったのか、わかりますか。

そう、「ありがとう」です。

「ありがとう」という言葉について、お話をしましょう。

上の反対の言葉といえば、下。

右の反対の言葉は、左ですね。(板書)

```
上⇔下
右⇔左
ありがとう⇔あ○○○○
```

実はね、「ありがとう」という言葉にも、反対の言葉があるのです。何だかわかりますか。

> ありがとうの反対は、「あたりまえ」です。

　ありがとうとは、漢字で書くと「有り難う」です。

　あるのがむずかしい。つまり「めったにない」「めずらしい」ということに感謝する言葉なのです。

　その反対を考えてみましょう。あるのが難しくない。あるのが普通だ。つまり「あたりまえ」。これが反対の言葉になるわけです。

　人に何かをしてもらっていながら黙っているのは、その人に対して「あなたがそれをやるのはあたりまえだよ」と伝えていることと同じなのです。

　お世話になったときは、きちんと「ありがとう」を伝えましょう。それが人としての礼儀です。

ワンポイント

　ストーリーを語ったあとは「ありがとうをいう遊びをしてみよう。今から１時間で、ありがとうを何回いえるかな。数えておくんだよ」と呼びかけて、ゲーム化するのもよいでしょう。いう人もいわれる人も笑顔でいっぱいになり、「ありがとう」をいうことの心地よさを感じることができます。学校生活は、友だち、地域の人、学校の先生、給食場の方、お家の方など、さまざまな人のおかげで成り立っています。してもらっていることをあたりまえだと感じずに、１つ１つに感謝できる心を育てていきたいですね。

12 ◢態度編

素直に話を聞くことができないとき

3 心のコップ

　教師の話に対して「どうせ無理だよ」などと消極的な発言をしてしまう子がいます。流れを乱す発言は、授業の雰囲気を壊してしまうため困りものです。ネガティブ発言を戒めるためのストーリーです。

　さっき先生が話していると、「でも…」「どうせ無理」「だって…」という言葉が聞こえてきました。
　よくありませんね。
　人が成長するためには、「素直さ」が必要だからです。
　「心のコップ」の話をしましょう。
　ここに、3つのコップがあるとします（黒板にコップの絵を描く）。
　1つ目は、まっすぐ上を向いています。
　2つ目は、ななめを向いています。
　3つ目は、下を向いています。

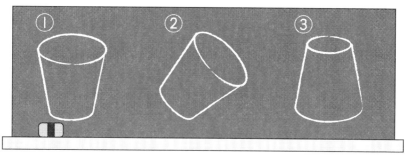

上から水を注いだとしましょう。
水が1番多く入るのは、
どのコップでしょうか。

> もちろん、①「上を向いているコップ」ですね。

　素直な心でいると、①のように心のコップを上に向けているような状態になります。人から教えてもらったことが、どんどん心にたまっていきます。
　「でも」「だって」「どうせ」という言葉を使っていると、②のようにコップがだんだん傾いていきます。最悪の場合、③のように下を向いてしまいます。そうなると、どれだけ時間が過ぎても水がたまることはありません。人から教えてもらったことが全部むだになってしまうのです。
　心のコップを上に向けましょう。
　そのためには、人の話を素直な心で受け止めることが大事なのです。

 ワンポイント

　「素直は時間を味方につける」という言葉があります。「このことは自分に何を教えてくれているのかな」と考えるならば、その時間は役立つものになります。味方になります。しかし、話を聞きながら「やってられないよ」などと考えていると、時間が敵になってしまうのです。
　「でも」「だって」「どうせ」はどれも言い訳につながる言葉なので要注意です。どれも「だ行」なので、３Ｄと名づけてもいいでしょう。「できるだけ３Ｄは使わないようにしよう」という確認をすると誠実な雰囲気づくりに役立ちます。

目標に向けて行動させたいとき

4 ボウリングの目印

学級目標
みんな仲よし
3年3組

「みんな仲よし3年3組」など、1年のはじまりには学級目標を決めることでしょう。立てた目標の達成に向けて、具体的に何に取り組むかを考えさせるためのストーリーです。

みなさん、ボウリングをしたことはありますか。

ボウリングの達人から聞いたお話なのですが、スコアが50くらいしか出ない人と、200も出すことのできる人の差は、見ているところによって決まるそうです。50しか出ない人は、先頭のピンを見ているそうです。10本のピンのうち、1番手前のピンを目がけて投げているのです。

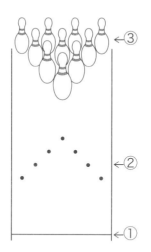

では、ボウリングが上手な人は、どこを見ていると思いますか。
① スタートの線　② 間の目印
③ 奥のピン

答えは、②「間の目印」です。

「今、自分の立っているところはスタートの線。たどり着かせたいところは先頭のピン。だったら、間の目印を目がけて投げればいい。」

そう考えることで、ボールをコントロールするのです。

学級目標もこれと同じです。このクラスの学級目標は、「みんな仲よし3年3組」ですね。学級目標は、目指しているところですから、先頭のピンのようなものです。

みなさんは今、スタートの位置に立っています。

じゃあ、その間を見なくてはいけません。つまり、「みんな仲よし」なクラスにするためには、何ができればいいのかを考えるのです。

これから、学級目標を達成するためには何ができればいいのかを考えましょう。そして、みんなで考えた課題を1つ1つ達成できるようにしていきましょう。

多くの意見が出るようにするためには、学級目標を抽象的なものに設定した方がよいでしょう。例えば学級目標が「自分からあいさつできるクラス」というように具体的だと、あいさつのことしか考えることができません。しかし、学級目標が「笑顔いっぱい○年○組」「ハッピー○年○組」「カッコいい○年生になろう」というように抽象的であれば、「自分からあいさつをする」「ていねいに掃除する」「やさしい言葉を使う」など、さまざまな観点から意見を出すことができます。

ちなみに、ボウリングの目印には「スパット」という名前がついています。

決めたことを忘れてしまっているとき

5 心が変われば行動が変わる

具体的な目標を定めたにもかかわらず、それを忘れてしまう子がいます。人の成長は「よし、やろう」と決めて心のあり方を変えることからはじまります。成長するためのステップについて考えさせるストーリーです。

今月の目標は「自分からあいさつをしよう」と決まりましたよね。今朝、自分からあいさつができた人は手を挙げましょう。できている人は、すばらしい。できていない人は、反省しなければいけません。やると決めたことは、行動しなければ何も変わらないのです。

みなさんは、野球の松井秀喜選手を知っていますか。

松井選手はメジャーリーグで活躍し、2013年には国民栄誉賞を受賞している選手です。その松井選手が、高校生のときに先生から教えてもらい、ずっと大切にしているという言葉があります。（板書）

> 心が変われば、行動が変わる
> 行動が変われば、習慣が変わる
> 習慣が変われば、人格が変わる
> 人格が変われば、□□が変わる

さて、最後の□□に入る言葉は何でしょうか。

> 答えは、「運命」です。

　例えば、これまであいさつを自分からしてこなかったA君が「あいさつって、大切だな。よし、自分からあいさつするようにしよう！」と考えたとします。まずは、これで心が変わりました。

　次の日、A君は自分からあいさつをしてみます。「おはよう！」と。これで行動が変わりました。

　そしてそれを1週間、1か月間続けられたとします。あいさつすることがあたりまえになったとき、それは習慣が変わったといえます。

　自分からあいさつができるようになったA君は、まわりの人を気づかえるようになることでしょう。前とはまるで別人のようです。これで人格が変わったといえます。そして、「A君といると元気になれる」と思い、近づいてきてくれる人が増えます。友だちがたくさんできるかもしれません。大人になったとき「これだけまわりの人を大事にできる人だったら、この大きな仕事もAさんにお願いしてみようかな」と思われるかもしれません。もしかすると、それが夢を叶えることにつながるのかもしれません。このように、運命が変わることになるわけです。

　人の成長とは、心が変わり、行動が変わることからはじまります。

　「自分からあいさつをしよう」と決めたならば、まずはそれをきちんとやりましょう。明日のみなさんの行動に期待していますよ。

　左の言葉は、紙に書き、教室の壁に掲示しておくのもよいでしょう。教室の空気をピリッと引き締めてくれます。

努力の価値に気づかせたいとき

6 夢のレンガ

課題に挑戦したあと、「どうせ僕にはできないよ。や〜めた！」とあきらめてしまう子がいます。コツコツと努力を積み重ねることの価値を伝えるストーリーです。

　今、かけ算九九の勉強をしています。もうスラスラいえる人もいれば、まだいえない人もいますね。やってみたのにいえないと「もういいや」「どうせできないよ」なんて思ってしまうことがあるものです。
　みなさんは、なでしこジャパンを知っていますか。
　日本代表女子サッカーチームの名前です。
　2011年ワールドカップではアメリカを打ち破り、優勝を果たしました。
　これは、キャプテンを務めた澤選手の言葉です。
　「もし体調が悪くても、私はあることだけは必ず心がけています。グラウンドに立つ1〜2時間だけは、絶対に手を抜かないということです。その日の自分の100％を出し切ることを考えています」
　そのことを、澤選手は「夢の○○○を積む」と表現していました。

夢の　○○○　を積む

さて、○○○に入る言葉は何でしょうか。
3文字です。

答えは、「レンガ」です。

澤選手はこういいました。

「高いと思える壁があると思っても、目の前に、毎日1段ずつレンガを積んでいけばいいんです。1段ずつ積み上げていけば、ずっと先にある夢は高い壁ではなく、階段になっているはずです」

澤選手は夢のレンガを積み重ね、中学生のころからの夢「ワールドカップで優勝」を果たしたのです。

例えば「九九がいえるようになりたい」という目標を持ったとします。すると、かけ算九九という壁がつくられるのです。毎日、一所懸命練習すれば、レンガが1つずつ積み上げられていきます。目には見えないけれど、そこには1段積み重ねられているのです。そしていつの日か、九九がいえるようになり、目標が達成できるのです。

大事なのは、あきらめずに夢のレンガを積み重ねることです。まだ、九九がいえない人も、これからがんばりましょう。

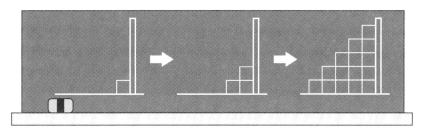

ワンポイント

階段をかくときは、レンガを1つずつかくといいでしょう。レンガが増えて階段になったとき、子どもたちは「おお〜!」と驚きます。

ここでは「九九」を例に挙げていますが、他のものでも構いません。「テストで100点を取る」「発表会を成功させる」など、学級の課題に適した例で話してみてください。

考えて行動しないとき

7 車の運転と教習所の先生

先生にいわれなければ行動できない子がいます。2学期・3学期と時間が経つにつれて、自分たちで考えて行動する力を身につけていく必要があります。自律する心を育てるためのストーリーです。

　はい、静かにしなさい。…いつまでもこうやって、先生に何かをいわれてやっているようではいけません。学校というのは、○○がいなくても生活できるようにするところです。（板書）○に何が入るか、わかりますか。それは「先生」です。物事ができるようになるためには、はじめは先生が必要です。

　車の運転で考えてみましょう。車は、すぐに乗れるものではありません。まずは、教習所というところへ通い、先生に運転を習うのです。はじめは先生が横に座って教えてくれます。
　「アクセルをふみましょう」「はい」
　「信号があります、止まりましょう」「はい」
　このように1つ1つ手とり足とり教えてもらうのです。そして、だんだん運転がうまくなっていくのです。でも、考えてみてくださいね。

大人の人が車を運転しているとき、いつもとなりに教習所の先生は座っていますか？

もちろん、座っていませんよね。

　運転が上手になると、最後には自分1人で運転するようになるのです。
　これは、学校でも同じことです。
　1学期は先生が教えます。でも、2学期・3学期と時間が経つにつれて、だんだんみんなのがんばりが増えていくのです。図でかくと、こうなりますね。（板書）

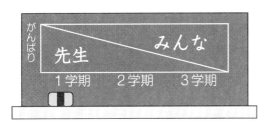

「先生にいわれなくても、自分たちのことは、自分たちでできます」
　そう胸をはっていえるようになったとき、本当に力がついたといえるのです。

　　　上の図は、教室内に掲示しても効果的です。自分たちで考えて行動できているときには「今は1学期だけど、このあたりまでできているよ。すごいね」と図を指差してみせると、視覚的にもわかりやすいことでしょう。
　武道や茶道の世界には、「守破離」という言葉があります。守は先生にいわれた型を守る段階。破は先生にいわれたことをさらに改善・改良できる段階。そして離は、自分の力で新たな知識を開発できる段階です。高学年の子どもたちには、この言葉も併せて教えてあげるといいでしょう。

マンネリ化しているとき

8 昨日の自分との勝負

毎日同じ活動をくり返していると、飽きが生じることがあります。「今日も漢字の練習か、嫌だなあ…」そんなマンネリ化を打開し、昨日の自分より少しでも成長しようと意識させるためのストーリーです。

昨日できていたことが、今日できなくなっています。このままではいけませんね。

宮本武蔵という人のお話をしましょう。宮本武蔵は、日本で最も有名な剣の達人の1人です。30歳になるまで60試合をして、1度も負けたことがありませんでした。そればかりではなく、数々の書や絵も残していて、それらは国の重要文化財にもなっています。

そんな宮本武蔵が残した言葉があります。(板書)

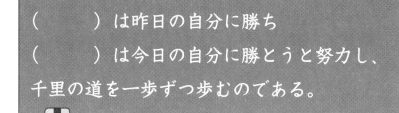

（　　）は昨日の自分に勝ち
（　　）は今日の自分に勝とうと努力し、
千里の道を一歩ずつ歩むのである。

（　　）に入る言葉が、わかりますか？

答えは、「今日」と「明日」です。

　今日は昨日の自分よりも成長しよう。明日は今日よりもまた１つ成長しよう。そういう思いでいるから、宮本武蔵は剣の達人になり、優れた芸術作品を残すこともできたのですね。
　これから、いつもやっている漢字の練習をします。
　ライバルは、昨日の自分です。昨日の自分よりも、少しでも美しく書けるようになりましょう。「角をくっきりと曲げてみよう」とか「はらいをていねいにしよう」など、どんな小さなことでもいいのです。
　昨日の自分に勝てるようにしましょう。その積み重ねが、大きな力になるのです。それでは、漢字練習をはじめます。

　　　昨日の自分より１％努力する人と、１％手を抜く人とでは、１年間をかければどれくらいの力の差ができるのでしょう。努力する人は、1.01の365乗です。これは、もとの約37.8倍になります。
　逆に、１％手を抜けば、0.99の365乗です。なんと、１年後にはもとの約0.03倍の力になってしまうのです。１％努力する人と、１％手を抜く人とでは、37.8÷0.03＝1260。なんと、約1260倍のちがいが生まれることになります。もちろん、努力とはそんな単純計算できるものではありませんが、高学年にはこの話もしてやるとおもしろいでしょうね。

中だるみしているとき

9 九十九をもって道半ばとせよ

体育大会では、ダンスの発表をする学校が多いことでしょう。練習が終盤にさしかかると「もう踊れるようになった」「完璧だよ」と考えて手を抜いてしまう子がいます。だらけた気持ちを引き締めるためのストーリーです。

（練習がはじまる前に）これまで約1か月の間、ダンスの練習を続けてきました。そのおかげで、とても素敵なダンスができ上がりつつあります。でも、「もう完璧だ」と思って手を抜いてしまっている人が見られます。「もう覚えたし、大丈夫だよ」そんな風に思っている人は心配です。なぜかというと、ここからが一番大事な練習だからです。

「九十九をもって道半ばとせよ」という言葉があります。お坊さんが100日の修行に出たとき、あきらめてしまうのは99日目なのだそうです。

```
九十九をもって道半ばとせよ　→　なぜ？
①　がんばりすぎるから
②　気を抜くから
③　ねむれないから
```

お坊さんがあきらめる理由は①〜③のどれでしょう。

答えは、②「気を抜くから」なのです。

　「あと1日だ。もう終わりだ」そう考えてホッとしてしまうのです。そのように気を抜くと、体や心に異常が起こり、あきらめなくてはいけないことになるのです。

　山登りなどもそうです。「もう少しで頂上だ」と思ったときに気が抜けて、事故が起こりやすくなるといわれています。

　これはダンスでも同じことです。「もう大丈夫」と気を抜いてしまえば、これまでがんばってきたことが台無しになってしまいます。

　ここからが勝負なのです。

　本番まで残り3日。でも、今ようやく半分まできたと思った方がいいでしょう。最後の最後まで力を抜かず、気を引き締めてがんばりましょう。

　それでは、今日の練習をはじめます！

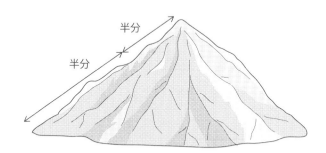

　　全体練習の場で伝えるときは、運動場ではなく体育館など声が響くところで話すといいでしょう。その際、ホワイトボードや黒板などを用意して、板書しながら語れば視覚的にもわかりやすくなります。

仲間を大切にしないとき

10 福沢諭吉の苦悩

> 友だちと力を合わせようとしない子がいます。人と協力することで、学習の効率が高まります。友だちとともに学ぶことのよさを伝えるストーリーです。

　福沢諭吉という人を知っていますか？　1万円札に印刷されている人ですね。日本を代表する教育者です。

　福沢諭吉は、海外のことを知ろうと思い、オランダ語の勉強をしていました。夜中もずっと机に向かって勉強をする。トントントンという包丁の音がしたら寝る。「朝ごはんできたよ」っていわれたら起きる。食べたらまた勉強をする…そんな生活をくり返していました。

　しかし、あるとき横浜の街へ出かけて驚きました。読めるはずの外国の文字が読めないのです。何と、書かれていたのはオランダ語ではなく、英語だったのです。

　福沢先生は、きっとものすごいショックを受けたことでしょう。

　でも、このまま何もしないでいても、英語が話せるようにはなりません。そこで、福沢先生は、手っ取り早く英語が話せるようにある方法をとりました。

① 友だちを探す
② 外国へ行く
③ 英会話教室へ通う

その方法とは、①～③のどれですか。

それは ①「友だちを探す」という方法でした。

　知り合いの人に「一緒に英語を勉強しないか」と声をかけていったのです。

　勉強するのに最も効率のいい方法は、人とともに学ぶことだと福沢諭吉は考えていたのでしょう。

　これは、教室でも同じことです。

　1人でやると、どうしても「このくらいでいいかな」とあきらめてしまいがちです。「わからないからやーめた！」と投げ出してしまうこともあるかもしれません。でも、友だちと一緒に勉強すれば、はげまし合い、わからないことは教え合うことができます。

　1人でやるよりも、友だちと力を合わせた方が、より早く深く賢くなることができるのです。

　みんなで助け合いながら学習をすすめましょうね。

　福沢諭吉は、神田孝平、村田蔵六に英語を学ぼうと声をかけますが「オランダ語だけで充分である」と断られてしまいます。原田敬策だけが賛同したため、ともに習得していくことになりました。福沢諭吉らは、英文を一度オランダ語に翻訳したあと、日本語に再度翻訳するという方法で学びました。オランダ語も決してむだではなかったのです。福沢諭吉は半年ほどで一通りの英語を覚え、通訳として咸臨丸（かんりんまる）に乗ってアメリカへ渡っていきました。

よいことをする大切さを伝えたいとき

11 一日十善

教室のゴミを拾わない、困っている人がいても助けない…自分のこと以外には無関心な子がいます。「よいことをしよう」という気持ちを持たせるためのストーリーです。

　今日は田口信教さんという方のお話をします。田口さんは、水泳平泳ぎの選手でした。オリンピックへ出ていましたが、金メダルを取ることができなくて悩んでいました。1位と2位の差は、およそ1秒程。長さでいうと、わずか2cm程でした。つまり、実力にはほとんど差がなかったのです。

　田口さんは、実力以外の何かが金メダルと銀メダルを分けていると考えました。そして、それは「運ではないか」と思うようになったのです。田口さんは猛練習をしました。それと同時に、運を高めるための取り組みをはじめました。田口さんは、高校時代の先生が「悪い行いをすると運が逃げていく」といっていたことを思い出しました。

　そこで、「いいこと」をしようと決めたのです。「いいこと」とは「善」ともいいます。田口さんは「一日一善」と紙に書き、壁へ貼り出しました。

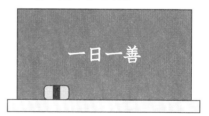

　しかし、これを見たコーチは「一日一善で金メダルを取れるなら簡単だ」といって、一本の線を書きたしてしまったのです。

さて、どこにたしたのか、わかりますか。

> 縦に書きたし、「一日十善」にしたのです。

　一善の一に、縦の棒を書きたしたのです。こうして田口さんは、一日十善することになりました。

　一から十に増えたのですから、驚いたでしょうね。実際に十個もいいことを探すのは、とても大変だったそうです。

　バスで席を譲ったり、ランニング中にゴミを拾ったり…。でも、そういう善の行いを積み上げ、猛練習を重ねた結果、ミュンヘンオリンピックで念願の金メダルを取ることができたのです。

　昨日、教室で善の行いをしている人を見ました。○君です。1人で黙々とゴミを拾ってくれていました。すごいですね。

　教室では、他にどのようなことをすれば「善の行い」をしたといえるのでしょうか。みんなで考えてみましょう。

　このストーリーのあと「では、今から帰りの会までの間に十善にチャレンジしてみましょう。何善できるか、数えてみましょうね」などとゲーム化します。そうすると子どもたちは「僕は20善できたよ」「私は30善！」と楽しんで善の行いに取り組みます。何善できたか発表したあと「やってみてどうだった？」と尋ねれば「人のために何かをするって気持ちがいいと思いました！」と返ってきます。人のために行動する姿勢を少しずつ定着させていきましょう。

コラム 「ストーリーとゴールデンサークル理論」

アメリカのサイモン・シネック氏は、人のやる気を出す話し方として、「ゴールデンサークル」という図を提唱しています。

ゴールデンサークルは、中心から外側へ向かってWHY・HOW・WHATという３つの層からできています。それぞれ、次のような意味を持ちます。

　　　　WHY……「なぜ」「なんのために」
　　　　HOW………「どうやって」
　　　　WHAT……「何を」

一般的な指導者は円の外側から話をします。しかし、人をやる気にする指導者は、円の中心から話をするといわれています。

例えば、算数の授業で考えてみましょう。

外側から話をすると、次のようになります。

「これから練習問題をします。班の人と協力してやりましょう」

WHAT「何を」から伝えているので、指示の内容がわかりやすいです。しかし、これでは心は動きません。

一方で、中心から話せば、次のようになります。

「渡り鳥の話をしますね。（中略・94〜95ページ参照）渡り鳥は、助け合いながら海を渡り切りました。みんなで協力すれば、難しいことも乗り越えられるのです。今日は渡り鳥のように、班の人と協力して課題に取り組んでみましょう。それでは練習問題をやります」

WHY「なぜ」「なんのために」から、渡り鳥を具体例にあげて伝えることで子どもたちの意欲を高めることができます。

子どものやる気を引き出すためには、WHAT「何を」からではなく、WHY「なぜ」「なんのために」から話しはじめることが重要です。ストーリーは、WHY「なぜ」「なんのために」を、具体的な小話で伝えるものです。だからストーリーには子どものやる気を引き出す効果があるのです。

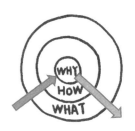

生活編

時間を守らないとき

12 時は命なり

> 休み時間が終わってもなかなか教室へ戻らず、周りに迷惑をかけてしまう子がいます。時間を守ろうという意識がうすいのです。自分の時間も友だちの時間も大事にしようと心がけさせるためのストーリーです。

　今、授業がはじまっているのに何人かが遅れてやってきました。
　そのせいで、待っている人の時間がむだになってしまいました。
　もう少し、時間を大切にする心を持ってほしいですね。
　これは、アメリカの政治家フランクリン・ベンジャミンという人の言葉です。(板書)
　何という言葉が入るのかわかりますか。
　そう、「金」です。
　時間は、お金と同じくらい大事なものだから、むだにしてはいけないという意味です。

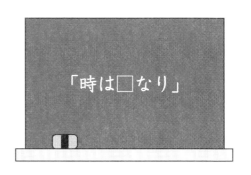

「時は□なり」

　でも、考えてみてください。時間はお金程度のものなのでしょうか。
　カップラーメンを発明した安藤百福さんは、□にちがう字を入れています。

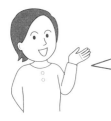

　さて、何という言葉が入るのでしょう。これも、漢字1文字です。

> 答えは、「命」です。

　例えば、ノートが破れてしまったのであれば、200円も出せば買うことができます。鉛筆けずりがこわれたのであれば、1000円で買うことができます。
　では、先ほど失われてしまった時間は、いくらで買うことができますか。
　買えませんね。
　すべての人は1日24時間を持っています。しかし、それは1度失うと取り返しがつきません。
　時間とは、命なのです。時間はお金でも買えないくらい、とても大切なものなのです。だから、人の時間を奪うことは、人の命を奪うことと同じなのです。
　遅れてきた人は、もう少し考えて行動するようにしなさい。

　　安藤百福さんの言葉には、続きがあります。
　「時は命なり。時計の針は時間を刻んでいるのではない。自分の命を刻んでいるのだ。神はすべての人々に24時間を与えられた。時間だけは金持ちにも貧乏人にも平等であるが、取り返しがつかない。」
　「忙しい」という字は、心を亡くすと書きます。心を亡くして、人の気持ちに気づけないようではいけません。時間に余裕のある行動を意識させましょう。

物の置き場所が乱れているとき
13 われ窓理論

　水筒や習字道具などが乱雑に置かれてしまっていることがあります。物の乱れは、学級の乱れに繋がるもの。「みんなでクラスの環境を整えよう」という意識を持たせるためのストーリーです。

（黒板に車の絵を描く）
　アメリカで、ある実験が行われました。
　街の中に、普通の車を置いておき、1週間そのままにします。
　何も起こりませんでした。
　次に、同じ車で、窓ガラスを1枚だけわって、そのまま置いておきました。

1週間後

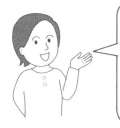

　さて、1週間後、その車はどうなったのでしょうか。次の中から選びましょう。
　①　ピカピカに修理されていた
　②　そのままだった
　③　ボロボロになっていた

答えは、③「ボロボロになっていた」です。

　窓がわれたままにされていると、それを見た人は「何をしてもよい」と感じるようになります。数人が、車の周りにゴミのポイ捨てをしながら通り過ぎていきました。また、ある人は「となりの窓もわっていいかな」と考えます。「ガチャン！」となりの窓がわられました。
　しばらくすると「お金になりそうな部品は持っていこう」と思う人が現れます。タイヤが取られ、部品が持ち去られました。このようにして、車はボロボロになってしまったのです。
　教室でもこの「われ窓理論」があてはまります。
　例えば、いま水筒がグチャグチャに置かれていますね。このままでいると、教室には「何をしてもいい」という雰囲気が生まれてしまいます。そうすると、自分勝手な人が増え、物がなくなったり、けんかが起こったりするなどのトラブルが起こりやすくなるのです。
　教室を見渡してみましょう。
　水筒以外には、どんなものが「われ窓」だといえるのでしょうか。
　１人ひとりが「われ窓」をつくらないように気をつけましょう。

ワンポイント

　われ窓理論は、アメリカの犯罪学者ジョージ・ケリングが考案した「小さな犯罪を徹底的に取り締まることによって、大きな犯罪を抑えることができる」とする理論です。「われ窓理論」もしくは「ブロークン・ウインドウ理論」ともいいます。アメリカのニューヨーク市は、われ窓理論をもとにして、落書きを消したり掃除を徹底したりすることに取り組み、凶悪犯罪を約75％減少させることに成功しました。

机の中がグチャグチャのとき

14 ザリガニの脱皮

整理整頓が苦手な子の机やロッカーは、さまざまな物が乱雑に押し込まれているため、ちょっとした振動で中のものが落ちてしまいます。いらないものは、ゴミ箱へ。捨てる習慣を身につけさせるためのストーリーです。

机の中を見てみましょう。いっぱいになって、あふれてしまっている人がいますね。いらないものを捨てなければ、机の中はあっという間にグチャグチャになってしまいますよ。

さて、みなさん。これが何かわかりますか。

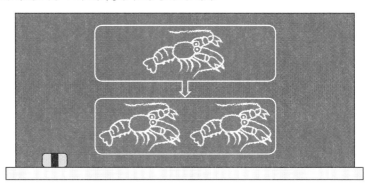

ザリガニです。ある人が、家の水槽でザリガニを飼っていました。

その人はエサをあげようとして水槽をのぞきました。そして「えっ!?」と驚きの声をあげました。1匹しか飼っていなかったはずのザリガニが、何と2匹に増えていたのです。

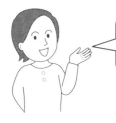

いったいどうしてザリガニが増えてしまったのでしょうか。

答えは、脱皮していたのです。

　ザリガニは、脱皮をします。それがもとの形とよく似ていたから、2匹いるように見えたのですね。ザリガニが脱皮できずにいると、死んでしまうこともあるそうです。成長するためには、いらないものを捨てなければいけないのです。
　これは、人間だって同じです。
　成長するためには、いらないものや、もう使わないものなどを捨てなければいけません。
　机の中に、ずっと前のプリントなど「もう必要ない」と思われるものが入っていませんか？
　ゴミは、ゴミ箱へ捨てましょう。いらないものがなくなったうえで、使いやすいところへ物をしまうようにするといいのです。

　では、今から5分間で片づけをしましょう。

　私たちは、日常的に「整理整頓」という言葉をひとまとめにして使っていますが、この2つはちがった意味を持っています。
　整理…いるものといらないものとを分け、いらないものを捨てること
　整頓…必要なものをいつでも取り出せるよう、秩序立てて配置すること
　むだなものを捨てる「整理」をしたあと、正しい位置に置く「整頓」をするので、「整理整頓」の順になっているのです。言葉の意味について教えたうえで「ただ押しこめばいいんじゃないよ。取り出しやすいところへ置くことができるかな？」と呼びかけるようにするとよいでしょう。

給食を残してしまうとき

15 2切れのマグロ

毎日のように給食を食べ残してしまう子がいます。飽食の時代といわれる今、子どもたちはおなか一杯食べられることをあたりまえに感じていることがあります。食べ物を大切にしようとする心を育むストーリーです。

私たちは、食べるときに
「いただきます」
といいますよね。（板書）

さて、「いただく」とは、いったい何をいただいているのでしょうか。（挙手・発言）

そうですね。「いのち」をいただいているのです。

私たちは、他の生き物の命をいただいているから生きることができるのです。（黒板に絵をかく）

さて、これが何だかわかりますか。

これはね、マグロです。

例えばここに2切れのマグロがあったとします。

2切れのマグロを食べることで、いくつの命をいただいていることになるのでしょうか。
① 100以下　② 1万～1億
③ 5兆以上

答えは、③「5兆以上」です。

　計算してみましょう。

　1匹のマグロは生きている中で、約1000匹のいわしを食べるそうです。1000匹のいわしは、アミエビを約5億匹食べています。5億のアミエビは、約5兆のプランクトンを食べているのです。ちなみに、2切れのマグロというのは、人間が20分間生きられるくらいのエネルギーだそうです。つまり、私たちは20分間生きるために、マグロ2切れを通して、1000匹のいわしと、アミエビ約5億匹、プランクトン約5兆の命をいただいているわけです。私たちが今生きていられるのは、多くの命が支えてくれているからこそなのです。

　「いただきます」というときには、たくさんの命をいただいていることへの感謝の気持ちを込めるようにしましょう。

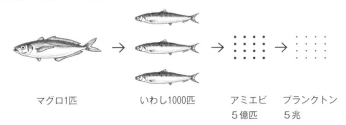

マグロ1匹　　いわし1000匹　　アミエビ5億匹　　プランクトン5兆

ワンポイント

　「いただきます」とは、「私の命のために動植物の命をいただきます」という意味がもとになっています。多くの生き物を犠牲にして生きていることと、自然への感謝の気持ちを表した言葉なのです。

　ごちそうさまは、「ご馳走様」です。「馳」と「走」はともに「はしる」の意味です。昔は、客人を迎えるのに走り回って獲物をとってきて、もてなしました。そんな命がけのはたらきに客人が「ありがとう」と心からの感謝の気持ちを表した言葉なのです。

提出物をバラバラにして出すとき

16 ぶどう酒と村人

宿題などの提出物がバラバラに出されていることがあります。そこには「自分1人くらい、ラクしてもいいだろう」という怠惰な姿勢が表れています。自覚を持って行動することの大切さを説くストーリーです。

　宿題がグチャグチャに出されています。
　これはいけませんね。「自分1人ぐらいよいだろう」とみんなが思っているから、そうなるのです。
　「ぶどう酒と村人」というお話をしましょう。
　むかしむかし、ある村に1人の先生がいました。その先生が村を離れることになったので、村人みんなでぶどう酒を送ることになりました。ぶどう酒はとても高いものです。だから、村人1人につきコップ1杯ずつ持ち寄ることになりました。
　村人はぶどう酒を持ってきて、広場に置かれた「たる」に注いでいきました。しばらくして、たるはいっぱいになり、先生へ贈られました。
　ある日、先生はもらったぶどう酒を飲みました。
　そして驚きました。
　「あれ!?…これは、ぶどう酒じゃなくて水だ！」

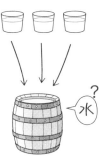

不思議ですね。いったいどうして、水になってしまったのでしょう。

> 答えは、村人みんなが水を持ってきたからです。

きっと、ぶどう酒を持っていくとき、村人は考えたのでしょう。

「自分1人くらい、水でもいいだろう」と。

村人みんなが同じことを考えて水を持ってきたので、たるの中は水になってしまったのです。

「自分1人くらい、いいや」という考えを持っていると、ぶどう酒が水になってしまったように、すべてが台無しになってしまいます。

今日の宿題も、みんなが「自分1人くらい」と考えたから、こうしてグチャグチャになってしまっているのです。

「さぼっちゃおうかな、どうしようかな」と迷うときは、自分がやろうとしていることを、他のみんなもやったとすればどうなるか考えるといいでしょう。その結果が悪くなるようなら、やめた方がいいですね。1人ひとりがきちんとしようとする気持ちを持って行動しましょう。

ワンポイント

このストーリーのあとは、1人ひとりの行動を確認します。そして、きっちりできている子をうんとほめるようにしましょう。

綱引きでは、1人で綱を引くときよりも集団で引くときの方が1人あたりの出す力は減ってしまうそうです。このように集団の中で力を抜いてしまうことを「リンゲルマン効果」といいます。高学年には「リンゲルマン効果に負けてはいけないよ」と話してもいいでしょう。

段取りを考えさせたいとき

17 バケツと石

> 時間内に掃除を終えられないことがあります。やらなくていいようなことにばかり力を注いでいると、段取りが悪くなってしまいます。物事の優先順位について考えさせるストーリーです。

　時間内に掃除をやり切ることができていませんね。何を優先してやるべきなのかを考えなければいけませんよ。
　「バケツと石」のお話をしましょう。
　ここに1つのバケツといくつかの大きい石と小さい石があったとします。

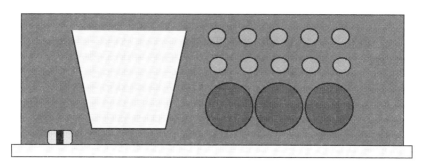

　大きい石と小さい石をバケツに収まるようにして入れます。
　小さい石を先に入れるのがいいのか、大きい石を先に入れるのがいいのか。

さて、どちらを先に入れるといいのでしょうか。

答えは、大きい石です。

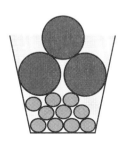

　小さい石を先に入れると、それだけで半分ぐらい埋まってしまいます。そこから大きい石を入れると、このようにバケツからはみ出してしまいます。
　大きい石を先に入れると、どうでしょう。大きい石が入り、そのすきまに小さい石が入り込みます。
　こうすれば、バケツの中に石が収まるのです。
　さて、ここでいうバケツは「時間」を、石は「仕事」を表しています。

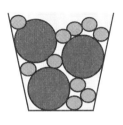

　掃除の時間は15分です。その中で掃除をやり切るためには、大きい仕事、つまり１番大事なことからやらなくてはいけません。そのあとに、やってもやらなくてもいいような小さい仕事をやるのです。
　あなたの掃除場所の大きい仕事は、何でしょうか。小さい仕事は何でしょうか。どういう順番で掃除を進めればいいのでしょうか。
　今から３分間時間をとります。掃除当番で集まり、掃除の段取りについて話し合ってみましょう。

　絵をかくときは、バケツをかき、そこへ石をかきたしていくようにすると、イメージが湧くことでしょう。ここでは掃除の例で話していますが、発表会の準備の段取りなどについて考えさせる場合でも有効です。
　大事なことが何なのかを判断し、行動の順番を決定する能力は、将来どのような仕事についたとしても役立つはずです。

言葉づかいがきたないとき

18 タイガー・ウッズの思い

「ずるい」「へたくそ」など、相手を小バカにするような発言をする子がいます。乱暴な言葉づかいは、人を傷つけ、トラブルの元になることもあります。言葉づかいが及ぼす影響について考えさせるストーリーです。

みなさんの言葉づかいが気になりますね。悪い言葉を使うのは、相手に失礼です。そして、その言葉づかいは、自分自身にとってもよくないことなのですよ。

ゴルフの話をしましょう。

みなさんは、タイガー・ウッズという選手を知っていますか。タイガー・ウッズは世界のゴルフの大会で何度も優勝しており、「世界一のゴルフプレイヤー」と呼ばれていました。

ある試合で「相手がボールを外せば、タイガー・ウッズが優勝できる」という場面がありました。タイガー・ウッズは、それをじっと見ていました。

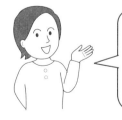

そのとき、タイガー・ウッズは、どう考えたのでしょうか。
① 外せ！　② 入れ！
③ 飛んで行け！

答えは、②「入れ！」なのです。

　相手選手のボールに対して、「入れ」と願っていたというのです。何だか不思議ですよね。結果として、相手は外してしまい、タイガー・ウッズが優勝することに決まりました。

　他の人に対して「外せ！」と願えば、外すイメージを心に描いてしまいます。人のことのはずなのに、知らないうちに自分が外してしまうところをも想像してしまうのです。そうすると、自分の番が回ってきたときに、外してしまうことが多くなってしまうのだそうです。

　逆に「入れ！」と願えば、入れるイメージが湧きます。タイガー・ウッズは、そのようなイメージを大事にしていたのです。

　「ミスしろ！」「ダメだなあ」「バカ野郎」

　人に対してこのような悪い言葉を使っていると、悪いイメージが自分自身に影響を与えます。自分がミスをしたりダメになったりバカになったりしてしまうかもしれないのです。

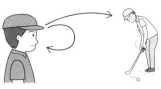

　他の人のため、そして自分自身のために、言葉づかいに気をつけるようにしましょうね。

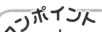

　脳の一部は主語を理解できないといわれています。だから、他者に対して考えていることを自分のイメージとしてとらえてしまいます。それが無意識の部分に影響を及ぼして、行動をも変化させてしまうことになるのです。

宿題をしてこないとき

19 机と本棚

宿題をいい加減にやってくる子がいます。「宿題なんて面倒くさい」「テキトーにやっていればいい」
そんな怠慢な思いを払拭させるストーリーです。

　宿題をいい加減にしてくる人がいますね。漢字や算数の宿題を毎日出していることには、意味があるのですよ。
　突然ですが、クイズです。
　昨日の給食が何だったか、覚えている人はいますか？
　では、2日前の給食が何なのか覚えている人は？
　じゃあ、3日前の給食を覚えている人は？
　3日前のことになると、覚えている人はほとんどいませんね。
　人間の脳みその中には、机と本棚があります。私たちは何かを経験するたびに、机の上にその情報を置いていくのです（ノートを置いてみせる）。こうして情報を次々にためていくと、机の上はいっぱいになってしまいますね。何が何だかわかりません。だから、必要のない情報は、ゴミ箱にポイッと捨てられてしまうのです。さっき給食が思い出せなかったのは、すでにその情報がゴミ箱に捨てられていたからなのです。
　ではここでもう1度みなさんにクイズです。
　これは何ですか。鉛筆ですね。
　では、これは何？　消しゴムですね。
　あれ、おかしいですね。忘れてしまうはずなのに。

どうして鉛筆や消しゴムの名前は覚えていられるのでしょうか。

> それは、何回も思い出しているからなのです。

　小さいころ、この木の棒は鉛筆だと教えてもらいました。白いゴムのかたまりは消しゴムなのだと学びました。何度か忘れて、そのたびに「これは鉛筆だったよな」「これが消しゴムだ」と覚えなおしました。
　「これが鉛筆で、これが消しゴム。何回も考えていることだから、忘れちゃいけないことなんだな」脳はそう判断します。そうすると、「鉛筆」「消しゴム」という情報が、机から本棚へと移動するのです。本棚にさえ入れば、そうそうゴミ箱へ捨てられてしまうことはありません。これが物を覚えるということなのです。

　机から本棚へ移動させるためには、時間が経ってから覚えなおすことが必要です。しかも、ある程度の量をこなさなければいけません。だから宿題を出しているのです。学校で習ったことを、家でもう１度思い出してみることが、賢くなる方法なのです。
　学んだことが脳の本棚にしまえるように、真剣に宿題をするようにしましょう。

　ドイツの心理学者エビングハウスは「忘却曲線」を説いています。ものを記憶したとき、20分後には42％を忘れ、１時間後には56％、１日後には74％を忘れてしまうのだそうです。しかし定期的に復習をすると、その記憶は確実に定着します。宿題は、今日学んだことをふり返り、記憶に残りやすくするという大切な役割を担っているのです。

約束を守らないとき

20 信頼貯金箱

> 「明日までにやります」と約束したにもかかわらず、ついうっかり忘れてしまう子がいます。約束を破ると、人から信頼されなくなります。人からの信頼をお金に置き換えて考えさせるストーリーです。

　A君、昨日は「宿題を忘れたけど、明日持ってきます」といっていたよね。その宿題はどうしたのかな。

　う〜ん。約束したことをやらないようではいけませんね。

　今、君の信頼貯金箱から、チャリーンとお金が出ていきました。

　人は、だれもが信頼貯金箱を持っています。人の信頼というのは、貯金箱にたまっていくお金のようなものなのです。

　信頼の上がる行動をすればたまっていきますし、信頼の下がる行動をしていれば、減っていくのです。

　さて、考えてみてくださいね。
　信頼の下がる行動とは、どのようなことなのでしょうか。

> それは、① 約束を破る
> 　　　　② 人を傷つける言葉を使う
> 　　　　③ 自分勝手な態度をとる
> 　　　です。

　逆に、信頼の上がる行動とは、どのようなことでしょうか。
それは、次の３つです。
　① 約束を守る
　② 優しい言葉を使う
　③ 思いやりのある態度をとる

　A君は、先生との約束を破ってしまいました。だから、A君の信頼貯金箱からお金が出ていきました。もう、ほとんどなくなってしまいましたよ。次にあなたが「宿題を忘れたけど、明日持ってきます」といってきても、ちょっと信じられませんね。
　このままでいいのですか？　どうすればいいと思いますか？
　もしもこれから、きちんと約束を守れば、再び信頼貯金はたまっていきます。そうすると、A君のことをもう一度信頼できます。A君、あなたの努力を見ていますよ。
　他のみなさんも、これを機会にして「人の信頼を得る」ということについて考えてみるといいでしょう。

　注意したあとは、必ずフォローを入れることが大切です。翌日きちんとやってきたときには「おっ、約束が守れたね。今日は信頼貯金がたまったよ」と認めてあげましょう。

ノートにメモしようとしないとき

21 エジソンのメモ

　板書内容だけをノートに写して満足している子がいます。そのときに感じたことや考えたことまでメモできれば、よりよいノートをつくることができます。メモの大切さを学ばせるストーリーです。

　黒板に書かれていることだけを書いているようでは、よいノートづくりができているとはいえませんよ。
　ある発明家の話をしましょう。教室を明るく照らしてくれているのは電灯です。この電灯を発明した人がだれなのか、知っていますか？
　そう、エジソンですね。他にも蓄音機や発電機などもエジソンの発明品です。エジソンは、生きている中でおよそ1300もの発明をしました。だからエジソンは、「発明王」と呼ばれているのです。エジソンは、次のような言葉を残しています。

「○○こそ、命の恩人だ」

○○に入る言葉は、次のどれですか。
① タコ　　② メモ　　③ ネコ

答えは、②「メモ」です。

　エジソンは13歳のころに「自分の名前のついた記念館や博物館ができるくらい、社会に役立つ仕事がしたい」と考えました。とはいえ、何をすればいいのかわかりませんでした。そこで、不思議だと思ったことや、大人の話などを手あたり次第メモするようになったそうです。
　発明家になってからも、メモを続けました。思いついたことをメモして、そのメモを読み、またメモを書く。そうして書いたノートの数は、およそ3500冊にものぼるそうです。
　私たちは、エジソンのこの習慣から学ぶことができます。
　私たちはさまざまなことを考えますが、そのすべてが記憶の中へ残されるのではありません。しかし、もしメモをとっておけば、考えたことが残ります。あとから見直せば、そのときの考えを思い出すことができます。
　授業中にノートを書くときは、思ったことや考えたことなども書き残しておくようにしましょう。

　エジソンは万能の天才レオナルド・ダ・ヴィンチがメモ魔だったことを知り、模倣したといわれています。ダ・ヴィンチは13000ページの手稿を残していたのです。過去の偉人は、発想やひらめきをノートへ書き残すことで文化を発展させてきたのです。

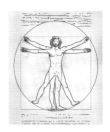

22 幸福の女神様

だれも立候補しないとき

> 実行委員などの募集があるのに、躊躇してしまって立候補できない子がいます。せっかくのチャンスを逃がしてはもったいない。積極的に挑む態度を身につけさせるストーリーです。

実行委員をやってみたいと思う人？
チャンスを失う人が多い。もったいないですね。
ある女神様のお話をしましょう。
1500年ごろ、ヨーロッパにレオナルド・ダ・ヴィンチという人がいました。ダ・ヴィンチは「モナリザ」という絵を描きました。「最後の晩餐」は世界遺産にも登録されています。

絵ばかりではなく、発明・数学・定理の発見・作曲なんかもやっていました。何でもできたので「万能の天才」と呼ばれていました。
そんなダ・ヴィンチは、このような言葉を残しています。（板書）

「幸福の女神には、（　　　）しかない。」

さて、（　）に入るのは、どれですか。
① 勇気　② 愛　③ 前髪

答えは、③「前髪」なのです。

絵でかくと、こういうことですね…。（笑）
幸福の女神様は、前からやってきます。
「どうしようかな、つかもうかな」
そう思っている間に、すれちがってしまいます。
あとになって「やっぱりつかもう」と思っても、後ろはつるっぱげですから、つかむことはできないのです。チャンスをつかむのは、一瞬なのです。
将来、あなたたちにもチャンスがやってくることでしょう。
「どうしようかな。やってみようかな。でも…う〜ん」なんて思い悩んでいる間に、「ぼくがやります」と他のだれかがそのチャンスをさらっていくかもしれません。チャンスは、その瞬間にしかやってこないのです。いつも日ごろから、チャンスをつかむ練習をしておきましょう。
少しでも「やってみようかな」と思うのであれば、チャレンジしてみましょう。

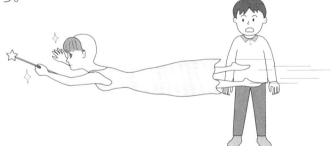

だれも立候補者が現れないときは、その場の空気がかたくなっていることが多々あります。つるっぱげの女神様をかくことにより、教室の空気を和らげる効果も生まれます。

コラム 「ストーリーを語るためのポイント」

　ストーリーをより深く感じさせるためには、子どもの感覚を効果的に刺激することが重要です。人は、大きく分けて３つの感覚を持つといわれています。これは「VAK感覚」と呼ばれているものです。VはVisual（視覚）、AはAuditory（聴覚）、KはKinesthetic（体感覚）です。それぞれの感覚に、はたらきかける方法を紹介します。

　Visual（視覚）にはたらきかけるには、話の内容を目で見て理解できるようにします。ストーリーを語りながら、黒板に簡単な絵や図・言葉などを書きましょう。黒板のすみに書き残しておけば、意識を保つ効果も生み出します。

　Auditory（聴覚）にはたらきかけるには、ただ語るだけではなく、声に強弱をつけたり、スピードを変化させたりするとよいでしょう。特に大切なのは"間"です。「ここは大事」と思うところの前で、意図的に間をあけるようにします。そうすれば、子どもの意識をグッと引きつけることができます。

　Kinesthetic（体感覚）は、実際に体を動かしてつかむ感覚のことです。ストーリーを聞くだけでは、ただの「いい話」で終わってしまいます。ストーリーのあとは、活動をしたり、学級遊びにしたりすることで、指導した内容のよさや価値を体で感じられるようにしましょう。

　子どもによって、３つの感覚の優劣は異なります。目で見て理解するのが得意な子もいれば、聞く方が理解できる子もいます。体を動かすことで「なるほど、こういうことか」と学ぶ子もいます。ストーリーを語るときは、３つの感覚へバランスよくはたらきかけるように心がけましょう。

Visual（視覚）

Auditory（聴覚）

Kinesthetic（体感覚）

授 業 編

先生の方だけを見て発表してしまうとき

23 ターゲットは2人

「僕はAだと考えました。なぜかというと…」意見を発表するとき、教師の方だけを向いて話し続ける子がいます。みんなの方を見ながら発表できるようにするためのストーリーです。

　発表するとき、先生に向かってばかり話しているようではいけません。
　発表は、だれに伝えているのですか？　学級のみんなにですよね。だったら、友だちの方を向いて話すようにしましょう。
　みんなの方を見る…といっても、難しいですね。クラスにはたくさんの人がいますから、全員を見るのはなかなか困難なことです。
　でも実は、全員を見るためのコツがあるのです。
　それは、「ターゲットを決める」ということです。
　2人のターゲットを決めると、聞きやすい話し方になるのです。

さて、Aさんの位置からだと、だれとだれがターゲットになると思いますか。

答えは、BさんとC君ですね。

　自分の位置から見て、左端の人と右端の人をターゲットとして定めればいいのです。前に立つときだと、ターゲットは一番右のBさんから、一番左のC君です。この2人を交互に見るようにするといいのです。
　あなたの位置からだと、ターゲットはだれとだれになるでしょうか。確認しましょう。
　発表するときは、その2人にねらいを定めて話すようにしましょう。そうすれば、みんなに伝わりやすい話し方になりますよ。

ワンポイント

　発表の仕方は、スモールステップで習得させるといいでしょう。まずは、短めの詩の暗唱をできるようにします。「全員起立。自分の位置から、ターゲットを確認します。その2人の位置を見渡すようにして暗唱してみましょう。練習、はじめ」として、全員で一斉に発表の練習をします。その次に、「好きな食べ物」や「好きな動物」などの発表をします。「僕が好きな食べ物は、からあげです」という簡単な発表で、全体を見渡せるようにします。そこまでできるようになったうえで、普段の授業の発表へと移ります。見渡すのを忘れているときには、「ターゲットはだれだったかな？」と確認するといいでしょう。

友だちの話を聞こうとしないとき

24 目と耳と心で聴く

　授業中にだれかが発表しているにも関わらず、その人の方を向かない子どもがいます。手遊びをしていたり、ボーッとしていたりして、注意散漫な状態です。話の聞き方を教えるためのストーリーです。

（スピーチ発表会の前に）
　それでは、今日は発表会を行います。
　しっかりと友だちの発表をききましょう。

　みなさんは、「きく」という言葉を漢字で書けますか。
　普通は、こう書きますよね。（聞く）
　でも、実はさらにレベルの高い「きく」方法があるのです。
　少し、難しいかもしれないなあ…挑戦してみたいですか？
　では教えましょう。その「きく」は、このように書きます。（聴く）

　　　　　　　　聞く　　　　聴く

　このきき方は、３つの部分を使います。さて、その３つとは何でしょうか。ヒントは、この字の中にあります。

> 答えは「耳」と「目」と「心」です。

　まずは、耳です。人が何を話しているのか、耳でよく聞き取ります。
　次に、目です。横向きになっていますけどね。目で、話している人の顔を見るのです。「今、聞いているよ」ということを、目で伝えるのです。
　そして、最後は心です。これが一番難しい。話している内容について、心から「なるほど」「そうか」などと考えるのです。
　耳と、目と、心を使う。それが「聴く」ということなのです。
　今日は、そんなレベルの高い聴き方にチャレンジしてみましょう。
　それではスピーチの発表会をはじめます。

ワンポイント

　「逆」を体験させると、理解を深めることができます。
　「今から、となりの人と発表をし合います。目を見ずに話を聞いてみましょう」
「目は見るけど、耳では聞かないようにしてみましょう」
「目で見るし聞くけれども、全然ちがうことを考えてみましょう」
　以上のワークを終えたあとは、「やってみてどう感じた？」とふり返ります。「目・耳・心で聞いてもらえないと、話している人が嫌な気持ちになるんだね。発表する人が話しやすくなるきき方が"聴く"なんだね。」とまとめるようにします。

静かに作業ができないとき

25 プールの中の静けさ

> 全員で静かに作業をしているのに「昨日のテレビ見た？」などと関係ない話をはじめてしまう子がいます。つられてしゃべり出す子もいて教室は雑然とした雰囲気に。これでは集中できません。静かな環境をつくるきっかけになるストーリーです。

おしゃべりの声が目立ちますね。そういう話し声は、人の集中をジャマしているのですよ。

「集中力を高める場所」について話をしましょう。

人の集中力がとても高くなる場所があります。それは、学校にもあるのです。

どこだと思いますか。次の３つから選びましょう。

```
①　トイレの中
②　プールの中
③　ロッカーの中
```

正解は、②　プールの中　なのです。

では、なぜプールの中が集中できるのか、わかりますか。

それは、プールの中にもぐると、音がほとんどしないからです。

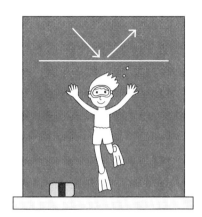

　空気中の音は水中に伝わりにくく、集中力が高まるという心理学のデータがあるのです。このようにして、水面が音をはじきかえすのです。(絵で矢印をかく)

　受験生の中には、耳せんをして勉強する人もいます。これも、まわりの音やおしゃべりの声が聞こえないようにするのための工夫です。音のしない環境だと、人は集中しやすくなるのです。

　さて、教室で勉強をするときに、水の中へ入るわけにはいきません。耳せんもできませんね。

　集中できる環境をつくるためには、どうすればいいのでしょうか。

　そうですね。

　「音を立てないようにする」

　「声を出さないようにする」

　そうやって、1人ひとりが静かにすることを心がけて、プールの中みたいに静かな環境をつくり出せるようにしましょう。

　子どもはプールや海など水で遊ぶのが好きな子が多いので、この話はイメージがわきやすいようです。私の学級では、私語がはじまると「プールの中だよ」とお互いに注意し合う場面も見られるようになりました。

おしゃべりを我慢できないとき

26 マシュマロ・テスト

> 先生が話している最中なのに、余計な一言をつぶやいてしまう子がいます。「それ知ってる！」「答えは4だよ！」などと口をはさんでしまうのです。人の話を聞くときの我慢について考えさせるストーリーです。

いらない口をはさんでしまう人がいますね。
我慢する力をつけなくてはいけませんよ。
1つ、お話をしましょう。
これが何かわかりますか。
マからはじまるおやつです。
白くて甘くてふわふわしています。
そう、マシュマロですね。
マシュマロを使って、ある実験が行われたことがありました。

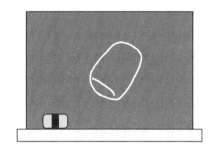

小さな部屋の中に4歳の子どもを座らせます。その子の目の前にマシュマロを1つ置きます。そして、次のようにいうのです。
「私はちょっと用があるから外へ出るよ。そのマシュマロは君にあげる。だけど、私が戻ってくるまで15分の間食べるのを我慢していたら、マシュマロをもう1つあげる。私がいない間にそれを食べたら、2つ目はなしだよ」

> もしも、みなさんがその子だったとしたら、我慢しますか。
> それとも、食べてしまいますか。

> ある実験では、3分の2の子どもが我慢できずに食べてしまいました。

　我慢できた子は、3分の1だけだったのです。
　実験が終わったあとも、調査は続きました。食べてしまった子と我慢できた子の大きくなっていくようすを調べ続けたのです。
　すると、大学入試のテストの合計点数が210点もちがっていたことがわかりました。
　賢くなったのはどちらだと思いますか？
　そう、我慢できた方の子どもたちだったのです。我慢するということは、その人が生きていく上での大きな力になるのです。
　授業中についしゃべってしまう人は、マシュマロをパクッと食べてしまう子と同じです。我慢がたりていないのです。
　「しゃべりたい」という気持ちに負けてはいけませんね。学校生活の中で我慢する力を身につけられるようにしましょう。

　マシュマロテストは、スタンフォード大学の心理学者ウォルター・ミシェルが子ども時代の自制心と将来の社会的成果の関係性を調べた実験です。
　　差が開いたのは、学力ばかりではありません。我慢できた子は、対人関係も良好で、プレッシャーやストレスに強く、困難な課題にも立ち向かい、自分に自信を持った青年に育っていました。
　一方、我慢できなかった子は、対人関係がうまくとれず、強情なわりには優柔不断で、ストレスに弱く、自分自身に満足できない青年になっていました。

27 タクシーの止め方

手の挙げ方がグニャグニャなとき

「この問題がわかる人？」「は〜い」手を挙げているけれども、腕が曲がっていたり、フニャフニャに力が抜けている子がいます。発表する意志を体で示すことができるといいですね。手の挙げ方を教えるためのストーリーです。

（発問のあと、挙手しているとき）
　Aさんは、すばらしいです。そのまま挙げていてください。
　Aさんの何がすばらしいのかわかりますか？　そう、手の挙げ方が美しいのです。そして、目にも力が込もっていますね。
　気持ちを体で表すこと。これが大切なのです。
　例えば、タクシーを止めたいと考えた人が2人いたとしましょう。
　AさんとBさんです。2人は道路に向かって手を挙げました。
　Aさんは手をちょこっとだけ挙げて立っています。
　Bさんは手を大きく挙げています。さらに「止まってくれ！」とタクシーに向かって目で訴えかけています。

　　　Aさん　　　　Bさん

> みなさんがタクシーの運転手さんなら、どちらに止まりますか。

> そう、Bさんですよね。

　Aさんの挙げ方では、タクシーの運転手さんからすれば、だれに手を挙げているのかわかりません。「道路の向こう側に、知り合いでもいるのかな。ふ〜ん」くらいにしか考えてもらえないでしょう。

　しかし、Bさんの挙げ方ならば、運転手さんは「あれは私に伝えているんだな。止まってほしいのか」とわかるのです。

　タクシーを止めるときは、体で意志を示すことが大切なのです。

　発表するときも同じです。

　「意見を発表したい」という気持ちがあるのなら、それを体で表現しましょう。

　Bさんのように、手と目に力を込めるのです。

ワンポイント

　手の挙げ方は、耳に腕をつけることを意識させるといいでしょう。指先までピンと伸ばすようにすれば、腕もまっすぐに伸びるはずです。時間があれば、横から押してやり、しっかりと力が入っているかを確認します。押しても引いてもビクともしない子がいたら「おお！コンクリートみたいだね」と驚きながらほめましょう。

　先生にあててほしいために「はい！はい！」と叫んでしまう子にも、このストーリーは有効です。「ハイハイいってもタクシーの人には聞こえません。発表する気があるのなら、その思いを体で表現しなさい」と伝えれば、ユーモアを交えながら指導することができます。

発言する自信を持たせたいとき

28 サーカスのゾウ

> 授業中にまったく挙手しようとしない子がいます。そういう子は「1年生のときにまちがえて恥ずかしかったから」など、過去の失敗にとらわれていることがよくあります。1歩ふみ出す勇気を持たせるためのストーリーです。

　この問題の解き方を発表できる人？
　手を挙げている人が少ないですね。「できない」と思っているかぎり、何もできません。大切なのは、「できる」と思って動くことです。
　この動物のお話をしましょう。（板書）
　何の動物かわかりますか。
　ゾウですね。
　あるサーカスにいるゾウは、小さな木の杭にひもで結びつけられていました。ゾウは5トンもの体重がありますので、少し杭を引っ張れば逃げ出すことができそうです。それなのにゾウはじっとしているのです。

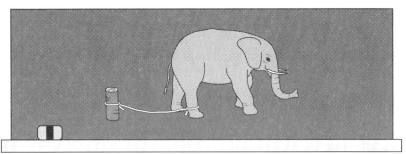

 さて、どうしてゾウは逃げ出そうとしないのでしょうか。

それは「逃げ出せない」と信じているからです。

　ゾウは、赤ちゃんのころから杭に結びつけられています。

　赤ちゃんゾウは、逃げ出そうと思って何度か杭を引きました。でも、ビクともしませんでした。そのとき、自分の小さな力では杭は動かないのだと学んだのです。

　そして、そのまま大きくなってからも杭を抜くことはできないと思っているのです。本当は少し引けば抜くことができるのに、です。

　今「発表してもまちがえてしまうんだ」と思っている人は、このゾウとよく似ています。

　そういう人は、おそらく過去に失敗したことがあったのでしょう。嫌なまちがい方をして、笑われたことがあったのかもしれません。でも、もう昔のみなさんとはちがうのです。そのころに比べると、みなさんは確実に成長しています。何事も「できる」と思ってチャレンジしてみましょう。

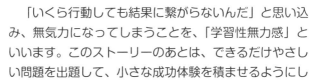

ワンポイント

　「いくら行動しても結果に繋がらないんだ」と思い込み、無気力になってしまうことを、「学習性無力感」といいます。このストーリーのあとは、できるだけやさしい問題を出題して、小さな成功体験を積ませるようにします。もしもまちがえたとしても「よくがんばったね。その勇気が大事なんだよ」とフォローしましょう。この小さな一歩が大きな成長へと繋がるのです。

わかっているのに手を挙げないとき

29 イチロー選手の打率

> 正解がわかっているにもかかわらず、手を挙げようとしない子がいます。「失敗したら恥ずかしい」「万が一まちがえていたら格好悪い」など、失敗を恐れているのです。失敗は成功の母。失敗を恐れない勇気を持たせるストーリーです。

みなさんは、イチロー選手を知っていますか。

イチロー選手はアメリカのメジャーリーグでも大人気の野球選手です。たくさんの記録を持っており、日本では「天才バッター」アメリカでは「魔法使い」と呼ばれていたほどなのです。

野球には、打率というものがあります。打率とは、ボールを打って、1塁に向かって走り、セーフになる確率を表しています。10割とは10本中10本がヒット。5割なら、10本中5本がヒットということです。

それでは、イチロー選手の打率は何割だと思いますか。
① 10割　② 7割
③ 5割　④ 3割

答えは、④「3割」なのです。

一流といわれるイチロー選手ですら、3割です。

10回の打席のうち、3回しかヒットになっていないのです。だからといってイチロー選手があきらめると思いますか。全部の打席でヒットを打つつもりでバットを握ります。ときには打てないときもあります。でも、その中で打てる確率を高くしようと努力しているのです。

今「まちがえるのが嫌だから手を挙げたくない」と考えている人は、「空振りするのが嫌だからバットを振りたくない」なんていってる野球選手と同じです。

まちがえてもいいのです。失敗してもいいのです。

挑戦しなくては、何もはじまりません。チャレンジしてみましょう。

ワンポイント

成功の反対は失敗ではありません。「何もしないこと」です。偉人と呼ばれる人々は、数々の失敗の上に成功を築いているものです。

アメリカのホームラン王ベーブ・ルースは714本のホームラン記録保持者であり、1330回の三振王でもありました。エジソンは、電球を発明させるまでに20000回の失敗をしたといわれています。ケンタッキーフライドチキンの創業者カーネル・サンダーはレストランにチキンのレシピを売り込んで10009回断られたそうです。

子どもには偉人や教師の失敗話をたくさん話して聞かせて、「失敗するのは自分だけじゃないんだ」という安心感を持たせましょう。

空いている時間を大切にさせたいとき

30 すきま時間の活用

　他の子よりも早く課題を終えて、のんびりしている子がいます。それどころか、おしゃべりをはじめたり、手遊びをしたりするなど、時間をむだにしてしまうこともあります。時間の有効活用について考えさせるストーリーです。

課題が終わったからといって、ボーッとしている人が多いですね。今のように、あまっている時間のことを「〇〇〇時間」といいます。ヒントは、このように物と物の少し空いているところのことです。何という言葉が入るのかわかりますか。

そう、「すきま時間」です。

　1つの授業につき5分のすきま時間があるとしましょう。1年間分を合わせれば、どれくらいの時間になるのでしょうか。
①　約3時間
②　約30時間
③　約3日間

答えは、③「約3日間」です。

計算してみましょう。

小学校の授業時間は、1年間で約900くらいです。

900×5分＝…いくらですか。4500分ですね。

4500分は、時間にかえると、4500÷60＝75。75時間なのです。

1日は24時間ですから、75÷24＝3　あまり　3

つまり、およそ丸3日間ぐらいの時間ができるというわけです。

すごいたくさんの時間ができるのですね。

だから、すきま時間を大切にしている人と、むだにしている人では、力に大きな差が生まれるのです。

AさんとBさんは、すきま時間の使い方がとても上手でした。Aさんは、課題を終えたあとも教科書を読んでいました。

Bさんは、ここまでの学びをノートにまとめていました。

みなさんも、すきま時間をうまく使えるようにしましょうね。

ワンポイント

「このすきま時間を使って、何ができますか」と尋ね、子どもたち自身にすきま時間の活用の仕方を考えさせるといいでしょう。

ヨーロッパの音楽家のモーツアルトは、数々の有名な音楽を残しています。そのほとんどは、移動中の馬車の中でつくったものだといいます。ふとしたところに時間はたくさんあるものなのです。

テストの見直しをしないとき

31 かもしれない見直し

> テストのときに、見直しをせずに提出してしまう子がいます。「どうせ全部正解だ」そんな怠惰な思いがケアレスミスを招きます。見直しの重要性を伝えるストーリーです。

　これからテストをやります。テストをするときに気をつけてほしいことがあります。
　先生は、○年前に自動車の免許を取りました。自動車の教習所では、次の２つの運転方法について習いました。（板書）

① だろう運転
② かもしれない運転

　車を運転していて、信号のない交差点へやってきたとします。
　①の「だろう運転」は、「まさか、この角で子どもが飛び出してくることはないだろう」と考える運転方法です。左右も確認せずに、交差点を走り抜けていきます。
　②の「かもしれない運転」は、「もしかすると、この曲がり角から子どもが飛び出してくるかもしれない」と考える運転方法です。ゆっくりゆっくり慎重に交差点を通り抜けます。

> 安全に運転できるのは①、②のどちらでしょうか。

答えは、②「かもしれない運転」です。

　もしも角からパッと子どもが飛び出してきたとしたら……。
　「だろう運転」だと車を止めることができません。ぶつかってしまい、事故が起こります。
　「かもしれない運転」なら、子どもに気づいた瞬間にブレーキをふめば、車を止めることができます。これなら事故は起こりません。いつも、事故が起こるかもしれないと考えておくと、事故を防ぐことができるのです。
　さて、テストの見直しにも２つの方法があります。
　それは「だろう見直し」と「かもしれない見直し」です。
　「どうせ、まちがえていないだろう」と考えるのか、
　「もしかすると、まちがえているかもしれない」と考えるのか。
　どちらがよい見直しになると思いますか。
　もちろん「かもしれない見直し」ですね。
　「もしかすると、まちがえているかもしれない」と考えれば、小さなミスも見つけることができるようになるのです。
　それでは、テストを配ります。解き終わった人は、「かもしれない見直し」を忘れずに。

ワンポイント

　このストーリーのあとは「かもしれない見直しだよ」と声をかけるだけで、子どもたちは「あっ」と思い出して見直すようになります。
　開業以来50年無事故である新幹線は、整備するのに４重チェックを施しています。ミスを防ぐようにするためには、何度も何度も「まちがっているかもしれない」と見直すことが大切なのです。

たくさんやることのよさを伝えたいとき

32 ピカソの一言

漢字や計算の練習などは、かぎられた時間を目いっぱい使い、たくさん練習させたいところです。しかし、「そんなにたくさん練習しても意味がないよ」と消極的に考える子もいます。量をこなすことの大切さに気づかせるストーリーです。

今から、計算練習の時間です。
その前に、ピカソのお話をしましょう。
みなさんは、ピカソを知っていますか？　ピカソは、スペイン生まれの世界的な画家です。キュビズムという絵の描き方をはじめた人としても知られています。
ある奥さんが、カフェでスケッチしているピカソを見つけました。
これはラッキーと思った奥さんは、ピカソにお願いをします。
「私をかいてください。お値段は、いってもらった分だけ払いますわ」
ピカソは、奥さんを見て3分でスケッチをします。
「できましたよ。」
「ありがとう。で、お値段は…？」

さて、ピカソはいくらと答えたのでしょうか。

答えは、40万円です。

「40万円!?　高すぎる」

奥さんは驚きました。奥さんにいわれたピカソは、こう返しました。

「私はここまでくるのに、生涯を費やしているのです」と。

ピカソは、生きているうちに約15万点の作品をつくりました。

それだけ積み上げてきたものがあるから、さらさらと描いた絵にも価値があるといい切れるのですね。

さて、今から計算の練習をします。時間はかぎられています。その中で、できるだけたくさんの練習をしてみましょう。

積み上げた分が、君たちの大きな力になるのです。

　ドイツのラルフ・クランプ博士がアマチュアのピアニストと一流のピアニストがどのような生活を送っているのか比べる実験をしました。一流のピアニストは1週間に33時間練習していたのに対して、アマチュアはせいぜい3、4時間。一流のピアニストは10倍も多く練習していることがわかりました。

　正岡子規が死ぬまでに16年間で読んだ俳句の数は、23647句。マンガの神様といわれる手塚治虫は、全部で15万枚以上の原稿を描きました。人並みの努力では人並みにしかなれません。スポーツでも、勉強でも、仕事でも、一流と呼ばれる人はすごい量に取り組んでいるものなのです。

音読の声が小さいとき

33 アウグスチヌスの驚き

> 音読をしていても、「ボソボソボソ…」。か細い声で読み上げる子がいます。音読の歴史や効果について触れることにより、音読のよさを感じさせるストーリーです。

　4世紀ごろ、ヨーロッパにアウグスチヌスという人がいました。とても賢い人で、西洋社会全体に影響を与えました。

　さて、そんなアウグスチヌスは、ある日とても驚きました。

　甥っ子が本を読んでいたのですが、その読み方が普通ではなかったのです。

　あまりにも驚いたので、「告白」という本にも書き留めたほどなのです。

　さて、甥っ子がしていたのは、どのような読み方なのでしょうか。
① 本をさかさまに読んでいた
② 本を黙って読んでいた
③ 逆立ちしながら本を読んでいた

答えは、②「本を黙って読んでいた」です。

　黙って読むことを「黙読」といいます。今ではあたりまえですよね。でも実は、昔は声に出しながら読むことが普通だったのです。

　日本でも、長い間音読が行われてきました。「論語」などの書物を大きな声を出して読んでいたのです。日本で黙読が流行り出したのは、明治時代からなのです。

　ではなぜ、それまで音読が主流だったのでしょうか。

　それは、音読をすると覚えやすくなるからなのです。音読すると、字を見て、声に出して、その自分の声を耳で聞くことができます。黙読よりも多くの感覚を使うことになります。だから深く理解するためには、音読をした方がいいのです。

　今から教科書を読みます。しっかり声を出して、教科書の内容を頭の中に入れましょう。

　東北大学の川島隆太教授は、「音読をすると、脳の前頭葉が活性化する」としています。音読をすると、脳の血流がよくなります。黙読するだけの場合は、血流は文字を読む領域だけで上昇しますが、音読の場合は脳全域の血流が増えることがわかっています。音読は五感の多くを使用することになるからだと考えられています。学習においても、黙読だけで学習するよりも、音読をして学習する方が記憶の定着がよりよいことも判明しています。

　心理学者のゲイツという人は、「黙読1:音読4」がベストだとしています。音読を宿題に出している場合は、子どもや保護者にこの話をするとよいかもしれませんね。

コラム 「ストーリーを語る上での注意点」

　ストーリーを語る上で、注意しなければいけない点があります。
　それは「語る内容について、教師自身ができているかどうか」ということです。教師ができていないのに、ストーリーだけ立派に語ったとしても、子どもは聞き入れようとしないでしょう。
　「何だよ、先生だってできていないじゃないか」
と、反発すら感じさせてしまうかもしれません。

　1つのストーリーを紹介します。
　「少年よ、大志を抱け」のクラーク博士を知っていますか。彼が教頭を務めていた札幌農学校では、お酒を飲んで問題を起こす生徒が絶えませんでした。クラーク博士は、生徒たちに注意しようとしましたが、なかなか説得力を持って諭すことができずにいました。というのも、彼がお酒好きで、アメリカから日本へ来るときに1年分のぶどう酒を用意していたからです。
　クラーク博士は、模範を示すために、ある行動に出ました。生徒の前でその酒瓶を並べ、すべてわって処分したのです。
　その上で「諸君らも自分を律するように」といったのです。
　そうすると、生徒たちもお酒で問題を起こすことはなくなりました。

　まさに率先垂範。子どもたちへ指導するのであれば、クラーク博士のように、まずは教師が模範を示さなくてはならないでしょう。
　ストーリーを語りつつ、子どもたちと一緒に教師自身も成長していきましょう。

友だち編

けんかをくり返すとき

34 ヤマアラシのジレンマ

> 子どもはけんかをします。人を傷つける行為はよくありません。しかし、けんかをすることによって、友だちとのよりよい関わり方に気づくこともできるのです。けんかから得られる学びについて考えさせるストーリーです。

　今日は、けんかが起こりました。2人ともきちんと謝り合って仲直りすることができました。
　けんかは、痛かったり辛かったりするものですが、よくないことばかりではありません。けんかから学ぶことだってあるのです。
　私たちは、この動物とよく似ているのかもしれませんね。(絵をかく)

　何の動物かわかりますか。これは、ヤマアラシです。背中に長いハリのような毛を持っている動物です。
　ヤマアラシは、寒くなると他のヤマアラシと身を寄せ合います。
　すると、困ったことが起こります。

> さて、どんなことが起こるのでしょう。

> お互いのとげが刺さってしまうのです。

　かといって、離れてしまうと寒いですね。
　ヤマアラシは、くっつき合って痛い思いをしたり、離れ合って寒い思いをしたりすることをくり返します。そして、お互いを傷つけることなくあたため合えるちょうどいい距離を見つけ出すのです。これを「ヤマアラシのジレンマ」といいます。
　友だちと仲よくなることは、このヤマアラシの行動と似ています。友だちと親しくなると、いい過ぎてしまったり、小さなことで怒ったりして、お互いを傷つけ合ってしまうことがあります。「もう一緒にいたくない！」と感じて、離れたくなります。でも、離れてしまうとさびしくなります。そこで、またくっつきます。
　傷つけ合ったり、離れたりすることをくり返して、だんだん友だちとのちょうどいい距離を見つけ出すのです。そうすると、本当に仲のいい友だちになれるのです。だから、けんかは友だちと一層仲よくなるためのステップともいえるのです。
　「これをいったら傷つくんだな。気をつけよう」と、相手のことに気づき、思いやることができるようになれたなら、今日のけんかは価値があるものだといえるのですよ。

ワンポイント
「ヤマアラシのジレンマ」は、ドイツの哲学者ショーペンハウアーが書いた寓話をもとにして、心理学者フロイトが論じた話です。
　なお、実際のヤマアラシは針のない頭部を寄せ合って体温を保ったり、睡眠をとったりしています。

けんかを他人事と考えているとき

35 ハインリッヒの法則

「また、あの子たち、けんかしてる…」けんかは、当事者どうしだけの問題ととらえられがちです。しかし、けんかが起こる過程には、周囲の環境が少なからず影響を与えているものです。自分の生活態度をふり返らせるためのストーリーです。

　今日は、学級でけんかが起こりました。話し合った結果、無事解決することができました。でも、この２人だけに問題があったというわけではありません。２人のことですが、学級みんなで考えなくてはいけません。
　ハインリッヒの法則というものがあります。（図をかく）
　アメリカのハインリッヒさんが、5000件の事故を調べて見つけ出した理論です。
　例えば、１件の鉄道事故が起こったとします。そんなときは、29件ほどの事故寸前のできごとが起こっているそうです。さらに、300件近くの、スピードの出し過ぎや、信号の見落としなど、小さな事故が起こっていたそうです。
　今日のけんかは、１件の大きなトラブルです。
　その下には、29件の中くらいのトラブル、その下には300件の小さなトラブルがあるというわけです。

1件の重大事故
29件の軽微な事故
300件のヒヤリ・ハット
ハインリッヒの法則

それでは、29件の「中くらいのトラブル」とは、何でしょうか。

> 口げんか、暴言、ふざけなどです。

　では、300件の小さなトラブルは何でしょうか。（挙手・発言）
　捨てられていないゴミ、落とし物、言葉づかいなども、小さなトラブルだといえますね。
　これだけ多くの小さなトラブルや中くらいのトラブルが積み重なっているから、１つの大きなトラブルが起こっているのです。
　だから、今日のけんかは２人だけの問題ではないのです。私たち学級全体の問題なのです。
　これから学級全体で何に気をつけるようにすればいいのでしょうか。
　みんなで課題を考えてみましょう。

ワンポイント

　ハインリッヒの法則は、アメリカの保険会社に勤めていた副部長のハインリッヒが、工場の事故を統計学的に調べて計算し、導き出した法則です。
　このストーリーは、学級会の前に話せば効果的です。みんなで学級の課題を話し合い、１つずつ解決できるようにするといいでしょう。

友だちをうらんでばかりいるとき

36 心の角度

「あの子が、こんな悪いことをしてきた！」
友だちのやることなすことについて、どうしても許せないと感じる子がいます。自分自身のあり方に目を向けさせるためのストーリーです。

さっき、けんかがありました。AさんがB君のことを許して、解決しました。誠実にあやまることができたB君は立派です。そして、Aさんもすばらしい。「いいよ」と、きちんと許していたからです。「1つ成長できたな」と先生は思いました。

「心の角度」についてのお話をしましょう。（板書）

人の心からは、2本の線が出ています。2本の線の内側にいるのは自分にとって「許せる人」。線の外側にいるのは「許せない人」です。

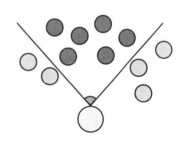

線の外側に人が多いと、どうなるのでしょう。「あの子のやることが許せない」などと、人を憎んでばかりいることになります。これだと毎日が大変ですね。だから、できるだけ線の内側にたくさんいる方がいいのです。ただ、線の外側にいる人を内側へと引っぱり込むのは、すごく難しいことです。それは、人の性格を変えるということだからです。

でも、線の外側にいる人たちを、線の内側に入れる方法はあります。どうすればいいですか。

> 自分の心の角度を広げるといいのです。

　心の角度が広がれば、外側にいた人も内側に入ります。自分のあり方を変えれば、許せる人が増えるということです。

　昨日までは、AさんにとってB君は線の外側の人でした。

　でも、今許したことで、Aさんの心の角度がグンと広がりました。そうして広げたことで、他の人のことにも腹を立てなくても済むようになったかもしれませんね。

　人を許すのは難しいことだけど、自分自身が楽になります。他の人たちもAさんのように、少しずつ心の角度を広げていけるといいですね。

　どうして人の性格を変えるのは難しいのでしょうか。それは、相手の立場に立ってみると理解することができます。友だちからは「Aになれ」といわれ、先生からは「Bになれ」といわれ、お家の人からは「Cになれ」といわれ、指示のすべてにしたがっていたとすれば、その人はきっとおかしくなってしまうことでしょう。

　「他人と過去は変えられない。未来と自分は変えられる」これは精神科医エリック・バーンの言葉です。他人ではなく、自分のあり方に変化を加えられるような心を育てましょう。

命令口調になってしまうとき
37 おさそい言葉

「静かにしろよ！」「まっすぐ並べ！」正しいことをいっているにもかかわらず、伝え方が悪いために他の友だちの反感をかってしまう子がいます。言葉の使い方について考えさせるストーリーです。

　今、みなさんの声を聞いていると「静かにしろよ！」「はやく座れよ！」などの言葉が使われていました。お互いに注意し合えるのは、とてもいいことです。ただ、言葉の使い方が気になりますね。
　友だちへものを伝えるときの言葉づかいについて考えてみましょう。
　言葉づかいには、次の３つの種類があります。（板書）
　命令言葉は、「〜しろ！」「〜するな！」。
　おさそい言葉は、「〜しよう」「〜やめておこう」。
　お願い言葉は、「〜してくれるかな」「〜やめてくれるかな」という伝え方になります。

① 命令言葉
② おさそい言葉
③ お願い言葉

　例えば、静かにしてほしいときがあったとします。
　命令言葉なら「静かにしろよ！」、おさそい言葉なら「静かにしよう」、お願い言葉なら、「静かにしてくれるかな」となるわけです。

いわれて嫌な気持ちになるのは、どれですか？

①「命令言葉」ですね。

　おさそい言葉や、お願い言葉なら、どうですか。
　そんなに嫌な気持ちにはなりませんね。
　いっていることが正しくても、伝え方次第で人に嫌な思いをさせてしまうことがあるのです。
　友だちにものを伝えるときには、「命令言葉」になっていないかどうか気をつけるようにしましょう。

　　真面目で正義感の強い子は、「僕は正しいことをいっているはずなのに、いったいどうしてみんないうことを聞いてくれないんだろう」と悩んでいることがあります。そういう子にとって、この話は効果的です。
　私の学級では、このストーリーを語ったあとは「静かにしよう」「集中しよう」というおさそい言葉がよく使われるようになりました。言葉づかいが変わることで、教室にあたたかい雰囲気がつくられていくのを感じました。

何でも自己流でやろうとするとき

38 学ぶは真似ぶ

まねをするのはカッコ悪いと思っている子がいます。また、何をするにしても自己流でやってしまおうとする子もいます。人のまねをすることのよさについて考えさせるストーリーです。

　A君は、すごいね。教科書を読んでいる間の姿勢がいいですね。そうやって背筋を伸ばしていると、声が出やすくなるのですよ。
（しばらくしてから）
　今、B君のこともすごいなと思いました。
　姿勢がいいのはもちろんなのですが、さっき見たA君のいいところをまねできているのが素晴らしいと思うのです。
　「学ぶ」ということについて、お話をしましょう。

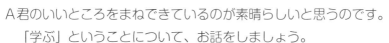

「学ぶ」…「○○ぶ」

　実は、「学ぶ」という言葉は、元はちがう言葉でした。

「○○ぶ」です。さて、何という言葉が入るのでしょうか。

答えは、「まねぶ」です。

　人は、まねをすることで学んでいます。
　例えば、赤ちゃんは言葉を話すようになりますが、それはお家の人がしゃべるのをまねしているのです。
　算数だってそうです。数学者が何百年、何千年とかけて考え出した計算の仕方をまねしているのです。漢字だって、昔中国で使われていた字をまねして書いているのです。だから、上手くなったり賢くなったりするための早い方法は、まねをすることなのです。
　もしかすると「全部○君のまねなんて、嫌だな」と思うかもしれません。でも、そういうことではありません。体育は○君、計算は△さん…というように、それぞれの教科、それぞれの場面でよくできている人のまねをすればいいのです。いろんな人のいいところを取り入れた結果、それが自分の力になり、自分らしさとなるのです。
　みなさんもＢ君のように人のいいところをまねすることができるようがんばってみましょう。

ワンポイント

　この話をしたあとは、さまざまな場面で、よくできている子の見本を見せるようにします。まねできている子をほめれば、学級全体の力がグンと高まります。
　作家の吉川英治氏は、「我以外皆教師」という言葉を残しています。どんな人からでも必ず学べるところがあります。何でも「自分流」にするのではなく、他の人のやり方から学ぶ心構えを身につけさせましょう。

自分のことばかりを優先するとき

39 天国と地獄

「自分さえよければそれでいい」という自分勝手な行動をとる子がいます。自分のことだけを考えるのか、他人のことまで思いやるのか、1人ひとりの態度によって集団のあり方が変わります。思いやりの気持ちを持たせるストーリーです。

（体育の時間、ボールの奪い合いが起こったとき）
　やめ。全員座りなさい。
　「このボールは自分のものだ！」と自分のことばかり必死になるのは、人としてみにくいことです。
　「天国と地獄」という話をしましょう。
　神様にお願いをして、ある男が地獄を見に行きました。すると、そこにはおいしそうな鍋が煮えています。ところが地獄の人は、おなかがすいて苦しんでいるのです。地獄の人々が持っているお箸は、腕よりも長く、料理を口に運ぶことができなかったのです。
　次に、男は天国を見に行きました。すると、そこでもおいしそうな鍋が煮えていました。やはり天国の人々も、腕より長いお箸を持っていました。ところが、天国の人たちは鍋を食べることができていたのです。

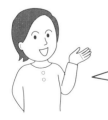

さて、どうやって食べたのだと思いますか。

> お互いに食べさせ合っていたのです。

　天国の人たちは、お箸で料理をとると、他の人の口に運んでいたのです。
　自分のことばかりを考えている人の集まり。それは地獄。
　他の人のことまで考えている人の集まり。それが天国なのですね。
　さっきのように、自分のことばかりを考えてボールを奪い合っているのは地獄と同じです。
　他の人のことを思いやる気持ちを持たなければいけませんよ。
　それでは、もう一度、やり直します。
　今から１人１個ずつボールを取りに行きます。よく考えて行動するようにしましょう。では、どうぞ。

ワンポイント

　「幸せ」というのは、「為し合わせ」という言葉が元になっています。お互いに相手を喜ばせることをして「ありがとう」といい合うのが幸せということなのです。
　人は１人では生きていけません。人と人の間にいるから「人間」なのです。相手を思いやる気持ちを少しずつ養っていきましょう。

となりの子と話し合いをしないとき

40 女の子と母親

「となりの子と話し合いましょう」と指示を出しても「…」。話し合い活動に進んで取り組もうとしない子がいます。話し合うことの価値に気づかせるストーリーです。

（ペアでの話し合い活動の前に）

ある学校に、小学生の女の子Aさんという子がいました。Aさんは、いつも学年で1番よい成績をとっていました。しかし、塾には通っていないのです。まわりの子が不思議に思って、「どうしてAさんはそんなに勉強ができるの？」とAさんに聞きました。

するとAさんは、ある目的のために勉強していると答えたのです。

①　お母さんに教えるため
②　医者になるため
③　いつでも1番になるため

さて、Aさんの目的は①〜③のどれでしょうか。

答えは、①「お母さんに教えるため」です。

　あるとき、Aさんのお母さんは次のようにいったそうです。
　「いいなあ、Aちゃんは。お母さんは、小学校の勉強もまともにやっていないから、困っているんだよ。Aちゃんは、毎日勉強ができて、いいなあ」
　Aさんはそれを聞いて、「私がお母さんに教えてあげよう」と決めたのです。それからは、お母さんに教えるために授業を受け、勉強するようになったのです。教えるためには、きちんと理解していなくてはなりません。わからないところがあってはいけません。人にものを教えるということは、実はとても難しいことなのです。「教えるために、学ぶ」それをくり返すことによって、Aさんは学年で1番よい成績をとるようになったのです。
　このように、「だれかに教えよう」と思って学習することは、深い学びに繋がるのです。授業中でも、「人に教える時間」があります。となりの人と話し合いをする時間です。自分の考え方を人に教えることによって、より賢くなることができるのです。
　自分の考えを、言葉に表して伝えてみましょうね。
　それでは、これから話し合い活動をはじめます。

　アメリカの国立研究所が発表したラーニング・ピラミッドという図があります。人の話を聞くだけでは、10％しか記憶に残りません。しかし、人に教えたときは、90％も記憶に残ります。アウトプットは、最大の学習効果を生み出すのです。

記憶に残る割合
聞いたとき　10％
見たとき　　15％
聞いて見たとき15％
話合ったとき　40％
体験したとき　80％
教えたとき　　90％

学び合いのよさを伝えたいとき

41 V字飛行編隊

クラスの友だちが頭を抱えて困っているのに知らん顔。学び合いのできない子がいます。支え合い、助け合うことのよさを伝えるストーリーです。

　今日は、渡り鳥になって活動しましょう。
　みなさんは、ガンという鳥を知っていますか。ガンは渡り鳥です。季節が変わるごとに、大陸から大陸へ飛んで移動します。1羽ではなく、群れで飛びます。このように、Vの字の形になって飛ぶのです。
　これを「V字飛行編隊」といいます。先頭の鳥が羽ばたくと上昇気流が起こるため、後ろの鳥はその気流に乗って飛ぶことができます。1羽で飛ぶときの約70％の力で飛ぶことができるのだそうです。
　しかし、ときどきこのV字飛行編隊から離れてしまう鳥がいるのです。海の上は、休むところがありません。つまり、編隊から離れてしまうことは、死を意味するのです。

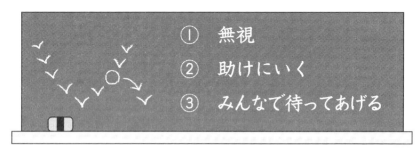

① 無視
② 助けにいく
③ みんなで待ってあげる

まわりの鳥は、それに対して①〜③のどれをすると思いますか。

> 答えは、②「助けにいく」です。

　編隊の中から何羽かが出ていき、小さなV字をつくるのです。
　そして、みんなのところへ戻り、再び元の大きなV字飛行編隊を組み、飛び続けるのです。
　はぐれてしまう鳥というのは、クラスでいうと「算数の問題がわからない…どうしよう…もうダメだ…」などと困っている子と同じですね。
　助けにいくのは、だれですか？
　そう、みなさんですね。特に、

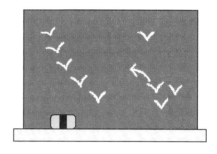

班の人が小さなチームになって、みんなと同じところまで戻してあげられるといいですね。
　困っている人はいないか、お互いに確認し合いながら勉強しましょう。それでは、班の人と協力して、算数の問題を解きましょう。

ワンポイント

　学び合いのできている班には、「渡り鳥みたいだね。素敵なV字飛行編隊ができているなあ」とほめましょう。
　このストーリーは、学級開きで語るのも効果的です。「渡り鳥のように支え合うクラスにしよう」と伝えれば、協力的な学級のイメージを持たせることができます。

協力することのよさを伝えたいとき

42 ナイル川を渡るアリ

「協力するなんて面倒だ」「1人でやった方が早いよ」そう考えて力を合わせようとしない子がいます。みんなで力を合わせることのよさを伝えるストーリーです。

これから、グループに分かれて活動をします。
今日は、この虫のようになりましょう。

何だかわかりますか。
そう、アリです。
アリは、基本的に泳ぐことができません。浮かぶことはできます。ただ、すぐにおぼれてしまいます。
しかし、世界でもっとも長いナイル川を渡ったアリがいるのです。

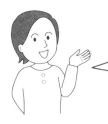

さて、どのようにして渡ったのだと思いますか。考えてみましょう。

> 答えは、みんなでかたまって渡ったのです。

アリたちは、3000匹から5000匹でからみあって、1つのかたまりになります。（図を描く）

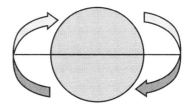

　まるでボールのようになるのです。
　このボール、全部がアリなのです。
　水中のアリが、水の上のアリを支えます。
　ただ、このままだと水中のアリは息ができなくなりますね。だから、水中と水の上とが入れ替わりながら進んでいくのです。
　そうして、向こう岸に着き、新しい巣をつくり出すのです。
　アリは、力を合わせることで川を渡りきりました。
　このように、1人ではできないことも、みんなで力を合わせればできるようになるのです。
　みなさんも、アリのように力を合わせて、今日の課題に取り組みましょう。

「アリがどのようにして川を渡ったのか」という発問に対して、子どもたちはさまざまな考えを出します。「葉っぱの上に乗って渡るんじゃないかな」「動物に乗ればいい」「橋のように1本につながるのでは…？」たくさんの意見を聞いたあとで、正解を伝えるようにしましょう。
　ナイル川を渡るアリは、食料がなくなったときにこのようなボール状になり、川の向こう岸へ渡るそうです。渡ってからは、そちら側の食料を得て生きていくのです。

支え合う雰囲気をつくりたいとき

43 ビルの間の平均台

緊張してしまうと、かたくなり動けなくなってしまう子がいます。緊張感を和らげるためには、周囲の支えが必要です。安心感のある環境をつくり出すためのストーリーです。

　ここに、平均台があるとします。
　その幅は、15cm。だいたい先生が手の平を広げたぐらいの長さしかありません。もし、この教室の床に平均台が置かれていたとすると、みなさんは渡れますか？
　渡れるという人？（挙手）
　では今度は、ビルの上に同じ形の平均台があるとしましょう。
　超高層ビル100階建て。下を見下ろせば、家や学校が小さく見えます。
　そのビルとビルをまたぐようにして、平均台が置かれています。
　みなさん、これは渡れますか？　渡れるという人。
　ほとんどいませんね。やっていることは同じのはずです。
　あれ、なんだか不思議だと思いませんか。

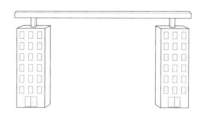

どうして、ビルの上を渡るのはこわいと感じるのでしょうか。

> それは、「失敗したら、どうしよう」と思うからです。

　教室の床に置かれている平均台から落ちたとしても、痛くもかゆくもありません。しかし、ビルの間からだと、落ちたら死んでしまいます。「失敗したら、どうしよう」と考えると、できるはずのこともできなくなってしまいます。これが緊張するということなのです。

　今、大縄を跳ぶのに体が動かなくなってしまう人がいます。練習だったらできるのに、本番になるとどうもうまく動けない。そういう人は、「本番で失敗したらどうしよう。みんなに迷惑がかかってしまう…」と考えているのです。

　緊張しないようにするために、まわりの人ができることはありませんか。

　「大丈夫だよ」「ドンマイ、ドンマイ」

　そういう言葉ではげましてあげれば、緊張している人の心の支えになります。

　平均台でいうと、こんな感じになります。（ネットの絵を描きたす）

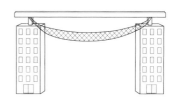

　これなら落ちても大丈夫ですね。

　「失敗しても大丈夫だ」と思うことができれば、安心感が生まれます。そうすると、いつも通りに動くことができるようになるのです。

　しっかり声を出して応援してあげましょうね。

　応援の言葉は子どもに考えさせるといいでしょう。「この言葉で応援しよう」と決まれば、声が出しやすくなります。学級みんなで１つになって応援し合うことで、失敗をおそれることのない、あたたかな雰囲気がつくれるようにしましょう。

リーダーの自覚を持たせたいとき

44 オオカミと羊

リーダーがだらしなければ、そのグループには結束力がなくなってしまいます。代表としての自覚を持たせるためのストーリーです。

今日は席替えをして、班長まで決めました。
リーダーとは何なのか、一緒に考えてみましょう。
（黒板に図をかく）

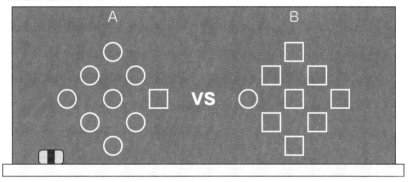

□がオオカミで、○が羊です。
A：オオカミがリーダーの羊の群れと
B：羊がリーダーのオオカミの群れが
たたかいました。

勝ったのはAとBのどちらでしょう。

答えは、「A」です。

19世紀初めころ、フランスにはナポレオンという皇帝がいました。ナポレオンは、このような言葉を残しています。

「一頭のオオカミに率いられた百頭の羊の群れは、一頭の羊に率いられた百頭のオオカミの群れにまさる」

リーダーがオオカミだと、羊の群れをよく動かすことができるので、強いのです。でも、リーダーが羊だと、オオカミをうまく動かすことができず、結果として弱くなってしまうのです。つまり、リーダーのよしあしで、その集団のあり方が決まるということなのです。

いくら班のメンバーががんばり屋さんでも、班長がサボっている人だと、班の力は弱くなってしまうことでしょう。逆に、班長がしっかりしているなら、どんな班でも強くまとまっていくことでしょう。

班長は「自分が班をまとめていくんだ」という強い気持ちを持って日々を過ごすようにしましょうね。

ワンポイント

このストーリーは、学級全体に呼びかけてもいいですし、班長だけ呼び出して話をするのもいいでしょう。「班がよくなるかどうかは、君たちにかかっているんだよ。よろしく頼むね」と期待をかければ、子どもたちも気を引き締めてがんばってくれることでしょう。

コラム 「教室でのエピソード」

　私のクラスには、Kさんという女の子がいました。Kさんは泣き虫でした。些細なことでも、すぐに声をあげて泣いてしまうのです。本人も泣いてばかりいることを気にしているようでした。

　あるとき、Kさんは友だちとけんかをしました。お互いに「ごめんなさい」と謝り合ったのに、まだKさんは膝を抱えてグスングスンと泣いています。私はKさんの横に座りこみ、声をかけました。

　「Kさん、大丈夫？　今、悲しい気持ちなんだね。うん、泣いてもいいんだよ。『泣いたことのない瞳にはなにも見えない』これは、スウェーデンに伝わることわざなんだけどね。そうやって、悲しいことや辛いことをたくさん経験しよう。そうすれば、他の人が同じように悲しんでいるときに、気持ちをわかってあげることができるよね。傷ついたことがない人には、その気持ちがなかなかわからないものなんだよ。『たぶん悲しいのだろうな…私はそんな気持ちになったことがないから、わからないけど』としか感じられない。でも、Kさんのように悲しい気持ちを経験していたら『ああ、その気持ちわかるよ。私も同じようなことがあったから』っていってあげることができる。それは、辛い気持ちでいる人を支えることになると思うよ。今は悲しいかもしれないけど、また1つ優しい人になれるね。」

　Kさんは、黙ったまま小さくうなずきました。

　Kさんは相変わらず泣き虫でした。でも、少しだけ行動に変化が見られました。

　教室でもめごとがあり、他の友だちが泣いていたときのことです。Kさんは泣きじゃくる子の横へ座りました。そして、そっと耳元へ囁きかけました。

　「大丈夫？　私…その気持ち、わかるよ」

　Kさんは、その子が泣き止むまでずっと肩をなでてあげていました。

　私は、Kさんの成長の瞬間に立ち会えたことを嬉しく感じました。

悩み編

できなくて自信を失っているとき

45 努力の壺

課題に対して「いくらがんばっても、できっこないよ」とあきらめてしまう子がいます。努力しても成果が出なければ、なかなかやる気は起こらないものです。あきらめないことの大切さを伝えるストーリーです。

人間は目標を決めると、神様からプレゼントがもらえます。

それは壺です。目には見えない壺です。

ずっと努力を続けていると、少しずつ壺に努力がたまっていくのです。そして、いつか壺がいっぱいになったときに、夢や目標がかなうのです。

今、さか上がりを練習しています。

「すぐにできたよ」という人は、さか上がりの努力の壺が小さかったのでしょう。まだできなくて困っている人は、とても大きな壺なのかもしれません。

自分のさか上がりの壺は、どれくらいの大きさですか。手で表してみましょう。

> 壺の大きさは人によってちがうのです。

　まださか上がりができていない人は、壺がとても大きいのです。

　努力しているのに、いつまでたってもできないのは辛いですよね。

　でも、大丈夫。目には見えないけれども、壺には努力がたまっています。もしかすると、明日いっぱいになるのかもしれません。3日後かもしれません。いずれにせよ、努力さえ続けていれば、必ず壺はいっぱいになるのです。

　よくないのは、あきらめてしまうことです。努力をやめてしまうと、壺には何も入りませんからね。

　変化がなかったとしても、あきらめずに努力を壺へとため続けましょう。

 ワンポイント

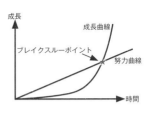

　「成長曲線」という図があります。努力は段階的に続けていかなくてはなりませんが、成長は加速度的に訪れます。

　努力を続けても結果が出ないのは、成長曲線のはじめがなだらかだからです。しかし、努力を続けていれば、一気に成長する瞬間が表れます。「ブレイクスルーポイント」といわれるところです。この点こそが、努力の壺がいっぱいになる瞬間なのです。

人の非ばかり責めてしまうとき

46 ルビンの壺

「おれは悪くない！」「あいつが先にやってきたんだ！」けんかは一方的な見方からはじまることが多いものです。相手の立場から考えようとする気持ちを持たせるためのストーリーです。

さきほど、けんかがありました。

どちらも思っていることを話して、お互いに認め合うことができました。

この2人のように、相手がどう考えているのかを理解することはとても大切なのです。

ある絵についてお話ししたいと思います。

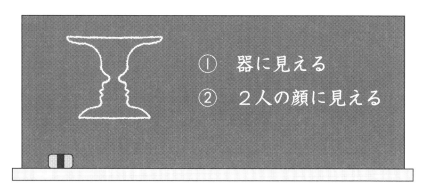

① 器に見える
② 2人の顔に見える

さて、みなさん。

この絵は何に見えますか。
①か②どちらかに手を挙げましょう。

人によって見え方はちがいますね。

　器に見える人もいれば、顔に見える人もいます。「これは器にしか見えない！」とか「顔に決まっているじゃないか！」などといい合いをしてもむだなことですよね。どちらにも見えるものなのですから。
　「ここが鼻で、ここが口で…」「ここが持つところだよ」などと説明し合えば、どちらも見えるようになるのです。
　けんかは、このルビンの壺でいい合いをしているのとよく似ています。けんかは、1つのできごとを1つの見方しかできないために起こっているのです。多くの場合は、自分にとって都合のいい見え方しかできていません。だから「相手にとって、このできごとはどう見えているのかな？」と考えることが大切なのです。
　さっき、A君とB君はお互いの気持ちを知って仲直りすることができました。みなさんも、友だちとけんかしたときには、相手の立場に立って考えるようにしてみましょう。

　心理学者アドラーは、「10人が同じ場所にいて、共通の体験をしたとしても、受け止め方は10通りあります。だからこそ、相手の気持ちを知ろうとすることが大切なのです。」と述べています。みんなちがうからこそ、話し合い理解し合うことが必要となるのです。
　ルビンの壺は案外簡単に描くことができます。あらかじめノートなどに練習しておきましょう。

不平不満を感じているとき

47 サルをつかまえる方法

　何かの変更があるたびに「エー！」と大きな声で文句をいう子がいます。「〜でなきゃ嫌だ」とゴネる子もいます。起こったできごとに対して柔軟に受けとめる態度を育むストーリーです。

　「こうでなければならない」と考えている人は、サルと同じですね。
　少し、サルのお話をしましょう。
　サルを簡単に捕まえる方法があります。
　木には、うろという部分ができることがあります。うろとは、木の窪みのことです。その中に、岩塩という塩のかたまりを入れておきます。
　これで、しばらくおいておくと、サルが捕まえられるそうなのです。

さて、どうしてこれでサルがつかまるのか、わかりますか。

> 岩塩をつかんで放さないから抜けなくなるのです。

　岩塩を放せば逃げられます。
　それなのに、放さずにいるから逃れられないのです。
　「こうでなければならない」と感じている人は、このサルとよく似ています。物事にこだわり過ぎているのです。
　生きていく上では、思い通りにならないことがたくさんあります。
　そのたびに、「こうでなければならない」とこだわり続けているのは辛いことです。岩塩を握っている手を放すように、こだわっていることをあきらめてみましょう。

ワンポイント

　「あきらめる」とは、「やりかけたことを途中で投げ出す」というイメージでとらえられがちですが、もともとは「明らめる」と書き、「物事の真理を明らかにする」という意味でした。自分の力で何とかなるものとならないものを明らかにすることが、「明らめる」なのです。変更があるならば、それに対応する方法を考えればよいのです。物事に固執せず、柔軟に対応する力が身につけば、心穏やかに過ごすことができるようになります。

先生の厳しさに耐えてほしいとき

48 ダイヤモンドと黒鉛

> ときとして教師は、子どものことを思って厳しい指導をします。すると「先生は、もしかして僕たちのこと嫌いなんじゃないのかな？」と子どもに勘ちがいさせてしまうことがあります。厳しい指導の意図を伝えるストーリーです。

（厳しい指導のあと）
　先生は、みんなに成長してほしいと願っています。
　だから、こうして厳しくいっているのです。
　みなさんは、これが何かわかりますか。（黒板に絵をかく）
　そう、ダイヤモンドですね。ダイヤモンドは、とても価値の高いものです。小さなケシゴムくらいのサイズでも、1000万円くらいするものもあります。

　でも実は、みなさんは、ダイヤモンドと同じ材料でできているものを持っています。

> この教室の中にあります。何なのかわかりますか。

> それは、「鉛筆の芯」です。

　実は、鉛筆の芯とダイヤモンドは、どちらも同じ「炭素」という物質でできているのです。

　鉛筆の芯は、土の中に埋まっている「黒鉛」を掘り出しただけです。

　では、ダイヤモンドはどのようにしてできるのでしょうか。

　ダイヤモンドは、地下120kmという、とんでもないくらいに深いところでできます。そのような深いところは、高温、高圧です。とても熱く、まわりから強い力で押されているのです。そのために、炭素のつぶは強く結びつけられ、ダイヤモンドになるのです。

　このように、同じ物質でできていても、環境によって、まったくちがったものになります。

　先生は、みんなにダイヤモンドのように輝いてほしいからこそ、厳しいこともいいます。耳の痛くなることもいいます。どうでもいいと感じているなら、何もいいません。全部、君たちに成長してほしいからいっているのです。

　先生のいうことも乗り越えて、光り輝く人になってほしいなと思っています。

ワンポイント

　ときどき「じゃあ、鉛筆の芯はダイヤモンドになるの?」という質問をする子がいます。

　黒鉛をダイヤモンドにする方法はあります。まず、鉛筆から芯を取り出します。その芯を1000度に熱した釜の中に入れて、芯全体に均一に約３万kgの圧力をかけます。そして、その状態を20〜30億年キープすると、ダイヤモンドのでき上がりです。

はじめからあきらめてしまうとき

49 ノミの跳躍

「無理だよ」「できるはずなんてないよ」とネガティブな発言をしてしまう子がいます。ネガティブな発言はネガティブな行動を招き、成長の妨げになってしまうことがあります。子どもをはげますためのストーリーです。

今、「えー、無理だよ」という声が聞こえてきました。

「自分にはできない」と思っていると、本当はできるはずなのにできなくなってしまうことがあります。

ある虫の話をしましょう。（ノミの絵をかく）何の虫かわかりますか。

これは、ノミです。ノミは、犬や猫の体に住む小さな虫です。足がとても強くて、30cmも跳ぶことができるのです。

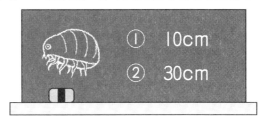

ノミのジャンプについて、こんな実験があります。

ノミを高さ10cmのコップに入れて、上からふたをします。ノミは何とか逃げ出そうとして、ジャンプをくり返しました。ノミはガンガン天井にぶつかります。次第にジャンプを低くしていきます。天井にぶつからないように、天井にギリギリ届かないくらいしか跳ばないようになってしまいました。そこで、ふたを取ります。

そのノミは、どこまで跳ぶと思いますか。
①、②から選びましょう。

答えは、①「10cm」です。

　ジャンプ力は、もう元に戻らなくなってしまっているのです。
　本当は跳べるのに、もう跳べるはずがないと思っているのです。
　「自分にはこれだけしかできない。これ以上は無理だ」
　そのような考え方をしている人は「10cmしか跳べない」と考えているノミと同じです。
　そんなことはない。跳べると思えば跳べるのです。
　できると思えばできるのです。まずは、自分の力を信じましょう。

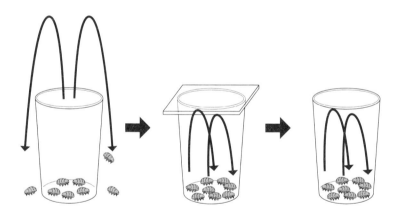

ワンポイント

　口に十と書いて、叶うと読みます。「どんなことでも十回口にすれば叶う」といわれています。言霊という言葉があるように、言葉は私たちの心理面、身体面に影響を与えます。ネガティブな言葉は、ネガティブな思考を生んでしまいます。「やればできる！」そんなポジティブな考え方を持たせてあげられるようにしましょう。

人の短所ばかり気になってしまうとき

50 2つの丸

「Aさんは、嫌なことばかりするんだよ」などと友だちの悪いところを見てしまう子がいます。どんな人でも長所と短所を合わせ持って生きています。友だちの長所に気づかせるためのストーリーです。

人のダメな部分ばかりを気にしてしまう人がいます。人のよいところにも目を向けられるようになりたいですね。

人のよいところを長所、ダメなところを短所といいます。

長所と短所のお話をしましょう。

ここに、2つの丸があります。（板書）

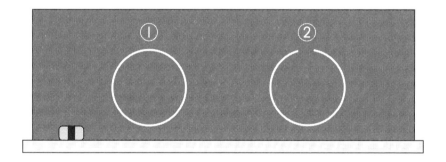

気になるのは、①ですか、②ですか。

②が気になりますね。

　では、なぜ気になるのですか。（挙手・指名）
　そうですね。空いている部分があるからですね。
　この空いている部分が、人の短所なのです。短所は目立つので、人はつい短所に目を向けてしまいがちです。でも②の円をよく見てください。他の部分は、きれいな円をえがいているのです。これは、その人の長所です。
　短所ばかりに目を向けて、
　「あの人は、口うるさいから嫌だ」
　「あの人は、自分勝手だから嫌だ」
と文句をいいながら生きていくのか。
　それともたくさんある長所を見つけて
　「あの人は、細かいところにもよく気がついてすごい」
　「あの人は、自分らしさを大切にしている」
と人のよさを認めるのか。
　どういう風に他人を見るのかは、自分次第です。
　友だちの長所か短所、あなたはどちらに目を向けますか。

　アドラー心理学では「自分自身の短所を認めるように、他人の短所を許してあげるようにすることが、よりよい人間関係を築くポイントになる」とされています。「自分もOK、相手もOK」そんな生き方ができるようになるといいですね。

コンプレックスを持っているとき

51 野口英世のくやしさ

> 人より劣っているくやしさに耐えられずに、いじけてしまう子がいます。劣等感を成長のチャンスとしてとらえさせるためのストーリーです。

　今、くやしいなと思っている人が多いですね。そのくやしさを大事にしましょう。くやしい気持ちはあなたの力をグーンと高めてくれるかもしれないからです。

　みなさんは、千円札に印刷されている人を知っていますか。そう、野口英世です。野口英世は、世界で活躍したお医者さんです。

　野口英世は、赤ちゃんのころに大きなけがをしていました。いろりの中に落ち、手が焼けて、指がくっついてしまったのです。そのせいで、「てんぼう」といって友だちからいじめられていました。てんぼうというのは、手が棒のようだという意味です。

　野口英世は、くやしい思いをしました。

てんぼうと呼ばれて、野口英世はどう考えたのでしょうか。①、②から選びましょう。

答えは、②「がんばろう」です。

　野口英世は、けがをしているからこそ、だれにも負けないくらい勉強をするようになりました。そして学校で一番の成績を取りました。

　その努力を友だちも認めてくれました。その後、野口英世の書いた作文を聞いて、友だちが手を治す手術のお金を集めてくれました。野口英世は手術を受け、手を動かせるようになりました。そこで医学の素晴らしさを知り、自分もお医者さんになろうと決意したのです。そして、世界を救うような偉業を成し遂げてみせたのでした。

　くやしい思いをしたときに、人は2つの道からどちらかを選ぶことができます。

　1つの道は、いじける道です。「どうせ自分なんて、できない」とふてくされるのです。ジャイアンにいじめられ「ドラえもーん」と泣いているのびた君みたいになるのです。もう1つは、がんばる道です。「くやしいからこそ、がんばろう」と努力するのです。いじける道か、それとも野口英世のようにくやしさをバネにがんばる道か、どちらを選ぶかで人生は大きく変わります。みなさんは、どちらへ進みたいですか？

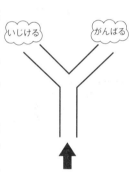

ワンポイント

　がんばる道に行くためのコツがあります。それは「こそ」という言葉です。できない理由の語尾に「こそ」をつけてみるといいのです。

　「頭が悪いから…」ではなく、「頭が悪いからこそ」。
　「背が低いから…」ではなく、「背が低いからこそ」。

　逆境をバネにして力が身につけられるよう、子どもを勇気づけましょう。

頭が悪いから勉強したくないと考えているとき

52 人の脳とエンジン

> 「私なんて、どうせ元々頭が悪いから…」「僕、バカだから勉強したって意味ないよ…」などとあきらめてしまう子がいます。人の脳のはたらきについて説明し、勉強に取り組む意欲を持たせるためのストーリーです。

　今日は、脳とエンジンの話をしましょう。
　脳というのは、車のエンジンによく似ているそうなのです。
　エンジンとは、ガソリンを燃料にして車を動かす部分です。
　このエンジンの力が大きければ大きいほど、車は速く走ることができます。

　例えば、1000ccと4000ccの車があれば、普通は4000ccの車の方が速く走るものなのです。
　ただ、エンジンは、あることをするとよく動くようになります。

　それは、どうすることなのでしょうか。
　次の中から選びましょう。
　①　いっぱい使う
　②　ちょっとだけ使う
　③　まったく使わないようにする

答えは、①「いっぱい使う」です。

　例えば、車の力が 4000 あったとしても、まったく動かさずにいると、さびついてしまってうまく走らないのです。でも、車の力が 1000 しかなかったとしても、いつもエンジンを回しておけば、よく走るようになるのです。
　別に、車が元々持っている力が大きくなくても、使い込んでいれば車はよく走るのです。
　脳は、このエンジンのはたらきとよく似ているのです。使えば使うほど賢くなります。つまり「元々どんな脳を持っているか」というよりも「どう使っていくかが大事」ということなのです。
　だから「自分は頭が悪い」と思っている人の方が、いっぱい勉強した方がいいのです。たくさん使い込んで、よくはたらく脳にしましょう。

ワンポイント

　赤ちゃんの脳は大人の脳の約 25 ％で、20 歳ごろまで成長し続けます。脳が大きくなる主な原因は、学習や経験によって神経細胞どうしをつなぐ神経線維や樹状突起が増えるためとされています。賢くなるためには、元々の能力にとらわれず、子どもの時期にたくさん脳をはたらかせることが重要なのです。

人と比べてしまうとき

53 ウサギとカメ

> 友だちと競い合って一喜一憂する子がいます。人と勝負することによって悲観的になってしまうのはよいことではありません。他のだれかと比べるのではなく、自分の目標に目を向けさせるためのストーリーです。

　人と比べることで喜んだり悔しがったりしている人がいます。
　イソップ物語の「ウサギとカメ」という話をします。あるとき、ウサギはのろまのカメに向かっていいました。「あの山の頂上まで競争しよう！」スタートした途端に、ウサギは走り出しました。だいぶ進んだところで、後ろをふり返りました。カメはまだやってきません。ウサギは草むらに寝ころぶと、眠ってしまいました。その間も、カメはこつこつと前へ歩みを進めていました。ウサギが目を覚ましたとき、カメはすでにゴールへたどり着いていました。

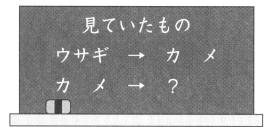

　このお話の中で、カメとウサギにはちがうところがあります。それは、「見ているところ」です。ウサギが見ていたものは、カメですね。

> 一方で、カメが見ていたものは何でしょうか。

> それは、「ゴール」なのです。

　カメにとって大事なのは「他人と比べてどうか」ということではなかったのです。カメが大事にしていたのは「自分自身の目標に近づいているのかどうか」だったのです。ウサギと比べるのではなく、ゴールを見て進み続けることによって、ゴールへとたどり着くことができたのです。

　人と比べて「やった！あの子に勝った」と喜んだり「あの子より点数が低い…」と悔しがったりしている人は、ウサギと同じです。

　人と比べなくていいのです。

　自分自身のゴールを見ましょう。目標としている点数を取れたのかどうか、それが大切なのです。

　カメのように、自分のペースで進みましょう。

　イギリスの哲学者バートランド・ラッセルは、「他人と比較してものを考える習慣は、致命的な習慣である」という言葉を残しています。他人と比較するのではなく、自分自身がどうなりたいのかを考えられるような心構えを持たせたいですね。

辛いことがあったとき
54 手のマメのように

辛いできごとがあったとき、くよくよして落ち込んでしまう子がいます。人は、苦しい思いを経験して強くたくましく成長することができます。子どもをはげまし、勇気づけるためのストーリーです。

悩んだら、悩んだ分だけ強くなれるのですよ。
鉄棒をしていてマメができたことがある人はいますか？
鉄棒をすると、手の皮がヒリヒリして痛くなります。でも、3日もたてば、その手の皮がかたくなります。これがマメです。

不思議ですよね。どうしてマメはかたくなるのでしょうか。

> それは、自分の身体を守ろうとするからです。

　鉄棒をして、手の皮が痛くなったとします。すると、手の皮は、こう考えます。
　「このままじゃダメだ。もっと強い皮をつくらなくっちゃ」
　そうして、皮が前よりも分厚くなるのです。かたくなり、これがマメになるのです。
　骨だってそうです。1度骨折した場所は、もう2度と折れないくらいに強くなります。
　心だって、それは同じなのです。
　A君、今は辛い思いをしているね。でも、それで日がたつと、前より強い自分になることができます。そう考えると、今は心が痛いけど、いいチャンスだね。少しずつ、強くなろうね。

　筋肉も、負荷がかかると繊維が壊れて筋肉痛を起こします。しかし、48〜72時間後には、前よりも強い筋肉に再生します。人の体は、状況に応じて強くなるようにつくられているものなのです。そのような人の身体のしくみを説明することによって、心の痛みを和らげてあげましょう。

けがをして落ち込んでいるとき

55 塞翁が馬

体育大会直前にけがをしてしまうなど、落ち込むできごとが起こることがあります。「起こったことは、必ずしも悲しいこととはかぎらない。何か意味があることなのかもしれない」そんな希望を持たせるストーリーです。

　〇君が、けがをしてしまいました。〇君が一所懸命練習していた姿を知っているだけに、先生もすごく辛いです。
　でも、それが必ずしも辛いこととはかぎりません。
　「塞翁が馬」というお話があります。
　あるおじいさんが1頭きりの馬で田んぼを耕していたところ、その馬が逃げてしまいました。
　村人が「災難だったな」というと、おじいさんはこう答えました。
　「さあ、どうかな」
　次の日、その馬が別の馬2匹を連れて帰ってきました。
　村人が「よかったじゃないか」というと、おじいさんが答えました。
　「さあ、どうかな」
　おじいさんの息子が、新しい馬に乗っていると、落ちて、足を折ってしまいました。
　村人が「これは災難だな」といいました。

おじいさんは、何と答えたと思いますか。

やっぱり「さあ、どうかな」と答えたのです。

　次の日、村へ兵隊がやってきて、村中の男を戦争に連れ出して行き、ほとんどが戦死しました。
　しかし、息子はけがをしていたので、戦争に行かなくてすみました。
　この話のように、あらゆることは、幸せなことなのか、不幸なことなのかはわかりません。
　「さあ、どうかな」と気持ちを切りかえてみましょう。
　このけががあったからこそ、得られる何かがあるはずです。

　私の学級では、体育大会直前にけがをした子に対してこの話をしました。落ち込んでいたその子は、前向きに取り組むようになり、体育大会本番では放送委員として会場を盛り上げ、大活躍を見せてくれました。

お わ り に

　「子どもたちに、今いったい何を語ればいいのだろう？」
　教師になったばかりのころ、私はしょっちゅう頭を抱えていました。
　ベテラン教師であれば、たくさんの経験があるので、そこから語ることができるでしょう。しかし、若手教師にはその経験がありません。きれいごとを並べてみても、子どもたちは眠そうな表情を浮かべるばかりでした。

　あるとき、ストーリーが人の心を育てるために有効であると知りました。
　ためしに語ってみることにしました。今まで下がっていた目線が、グッとこちらに向けられるのを感じました。
　子どものようすが変わりました。教室の雰囲気があたたかくなりました。
　「これだ。ああ、どんな先生でも語ることのできるストーリー集があればいいのにな…」

　そんな思いから、ストーリーを収集しはじめることにしました。
　気がつけば、5年という月日が流れていました。
　そのなかで、100を越えるストーリーを探し出しました。子どもを育てるために集めていたはずのストーリーが、ときとして自分自身のあり方を見つめ直すきっかけになることもありました。

　あるとき、志を同じにする編集者の方と出会いました。
　「先生たちの力になる、そんな本を一緒につくりましょう」と誓いました。
　意見を交わし合い、このような1つの本に仕上げることができました。

力を貸してくださったすべての方々に感謝申し上げます。
　この本との出会いが、先生たちの力となり、子どもたちの笑顔を生み出すことに繋がれば幸いです。

三好　真史（みよし　しんじ）
1986年　大阪府生まれ
大阪教育大学教育学部卒業
堺市立小学校教諭
教育サークル「大阪ふくえくぼ」代表
メンタル心理カウンセラー
目標は「教育を通して、日本を明るく楽しくすること」
著書に「子どもがつながる！　クラスがまとまる！　学級あそび101」（学陽書房）

子どもが変わる3分間ストーリー

2017年3月20日　初版　第1刷発行
2023年5月10日　　　　　第4刷発行

著　者　三好　真史
発行者　面屋　洋
発行所　フォーラム・A企画
　　　　〒530-0056　大阪市北区兎我野町15-13
　　　　TEL　06（6365）5606
　　　　FAX　06（6365）5607
　　　　振替　00970-3-127184
　　　　制作編集担当・蒔田司郎

表紙デザイン・畑佐　実
印刷・㈱関西共同印刷所／製本・髙廣製本
ISBN978-4-89428-925-3 C0037